んたる

大

なき コントの世界

執筆 中村計

KADOKAWA

おことわり

本書は岩崎《いわさき》う大《だい》氏のインタビューをもとに、聞き手および書き手を務める私が再構成したものです。したがって、このままの順番で、この通りの言葉で岩崎氏が語ったわけではなく、岩崎氏の考えが伝わりやすいよう私が順番や言葉に手を加えております。

たとえるならば、岩崎氏に脳の中身という素材を提供してもらい、僭越《せんえつ》ながらも、私が味付けをし、調理したものと言っていいかもしれません。

その点を了承いただき、「岩崎う大の脳」という極上の一品をお楽しみいただければ幸いです。

中村《なかむら》　計《けい》

CONTENTS

目次

目次

目次

オープニングアクト

ドキドキしました。

あんなに期待と不安に胸を躍らせながら台本を読んだのは後にも先にも、あのときが初めてでした。

これが、あの松本人志《まつもとひとし》さんが作ったコントの台本なんだ——。

去る二〇二二年四月九日、「キングオブコントの会2022」（TBS）が放送されました。

ご覧になった方もいると思いますが、松本さん、さまぁ～ずさん、バナナマンさん、そして歴代のキングオブコント王者三十二名が集まり、即席ユニットに分かれ、それぞれが新作コントを披露しました。

全部で十三本のユニットコントが放送されましたが、いずれも自由度の高い傑作ばかりで、改めてコントの素晴らしさを実感させてくれる番組でした。

僕はその企画の中で、自分が書いたコントと、ジャルジャルさんのコントと、松本さんのコントと、全部で三本のコントに出演させてもらいました。

松本さんが書いた『落ちる』というタイトルの台本は、五人組の冴《さ》えない中年コピーバンドが登場するネタでした。その五人のキャストに選ばれたのは松本さん本人、大竹一樹《おおたけかずき》さん（さまぁ～ず）、豊本明長《とよもとあきなが》さん（東京03）、長谷川忍《はせがわしのぶ》君（シソンヌ）、そして僕でした。

正直、僕は自分のコントとジャルジャルさんのコントに出るだけで万々歳だったのに、その上、松本さんのコントにも出させてもらえるなんて本当に夢のようでした。松本さんを筆頭に他のメンバーはコントのスペシャリストばかりです。日本代表のスタメンに選ばれたような、それくらい誇らしい気持ちになりました。

僕らがキングオブコントで優勝したのは二〇一三年のことでした。九年越しの副賞をもらえたような気分です。考えうる中で、これほど嬉《うれ》しい副賞はありません。

じつは、二〇二一年に放送された第一回目の「キングオブコントの会」のとき、かもめんたるには声がかかりませんでした。

あれは本当にショックでしたし、恥ずかしかったです。優勝経験がなくても呼ばれているコンビもたくさんいましたから。数日間、「キングオブコントで優勝したのに呼んでももらえないというのが俺たちの現状なのか……」と悲嘆に暮れました。

それだけに、晴れて招集されたときはウハウハでした。しかも、松本さんのコントにまでお呼ばれして。

ただ、松本さんのコント台本を読み進めていたとき、一瞬、僕の心に暗雲が漂いかけました。というのも、読めども読めども、僕のセリフがほとんど出てこないのです。僕は「そうだよな、世の中そんなに甘くないよな」と、自分を慰めにかかりました。松本さんのコントに出られるだけでも末代まで語れる偉業じゃないか、と。そう気持ちを立て直していたときでした。

台本の終盤、ようやく僕のセリフが出てきました。それも、大量に。おいおい、ちょっと待ってよ。めちゃくちゃ重要な役どころじゃん！　そうビビったのを覚えています。

思い上がりだと笑われてもいいので言わせてもらうと、僕のパートがこのコントの肝でした。成功するか否かは、僕の演技力にかかっていると言っても過言ではありません。

台本を読み終えた僕は、火照る体に戸惑いながら、書斎でこう決意を固めていました。

「松本さん、わかりました。任せてください」——。

僕の役は、ある種の異能の人といってもいいものでした。得意分野です。もし、この役を他の誰かが任されていたとしたら、僕は間違いなく嫉妬《しっと》していたと思います。

かもめんたるのコントを見てもらえればわかると思うのですが、僕は、ちょっと変な人、癖の強い人、気持ち悪い人を演じることが大好きなのです。いわゆる善人よりも、どこかバカだなと思える人に惹《ひ》かれるんですよ。世の中は、そういう人たちもいて、成り立っているわけですから。

松本さんにコントの出演を打診されてから台本が届くまで、だいぶ時間がありました。それは何を意味するかというと、松本さんは、ひょっとしたら、僕をイメージしてこの役を作ってくれたのかもしれない、ということです。その間に台本を仕上げたのだとすれば、当然、「う大は、こんな役がハマりそうやな」というのを想像しながら書いてくれたと思うのです。真実はわかりませんが、勘違いでもいいので、そう思うことにしました。

初めて台本に目を通してから一週間くらいは、台本に触れることすらしないようにしていました。最初、台本を読んだときは興奮し過ぎて、我を失いかけました。そんな自分をクールダウンさせる必要があったのです。

この年齢になってつくづく思うのですが、気合いというものは入れればいいというものではありません。ベストなパフォーマンスを発揮するためには、冷静さを失わない程度の、適度な気合いで臨む方がいい。毎日、台本と向き合っていたら、緊張とプレッシャーで一か月後の本番まで身が持ちません。

僕は自分でコントや芝居を演出するとき、あるいはワークショップ等で演技指導をするときに必ずこう言うんです。

「シーンの意味を熟考した上で、自分の役を考えてください」

まず、このシーンはお客さんに何を伝えたいのかを考え抜く。そこを押さえることさえできれば、自分の振る舞い方や声の出し方は自然と定まります。

ここのセリフは不服そうに言った方がいいのか。勘違いしている感じで言った方がいいのか。はたまた、密《ひそ》かに快楽を覚えているような雰囲気で言った方がいいのか。いろいろとシミュレーションした上で、そのシーンにもっともフィットするキャラクターを創出するのです。

僕が『落ちる』で与えられたキャラは、「そう考えてはいけないと思えば思うほどそう考えてしまう」という強迫観念のようなものを抱えていました。この役はデフォルメし過ぎると笑えないぐらい危ない感じの人になってしまう。逆に、役作りが浅いとただふざけているだけのように映ってしまいます。誰にでもそういう面ってあるよなと共感してもらうためには、ちょうどいい塩梅《あんばい》のテンションで演じなければなりませんでした。

あと、これもとても大事なことなのですが、共演者が台本通りにしゃべってくれるとは限りません。なので、「遊び」の部分も残しておきました。ガチガチに固め過ぎると、他の人のアドリブに対応できなくなってしまうからです。

僕が演じるドラマーは、ベーシストの大竹さんとのやりとりがいちばん多かったのですが、本番で、その大竹さんのセリフは必ずしも台本通りではありませんでした。ただ、心の準備はしていたので、胸を借りつつ、臨機応変に対応できたと思います。

松本さんも、当日のコントの流れの中で、あえてやりとりを一つ飛ばしていました。あの場面に遭遇したときは感激しましたね。

もともとの台本はこうでした。長谷川君が練習中、やる気が感じられないメンバーに呆《あき》れ果て「もうやめませんか?」と言い出すと、リーダーである松本さんは「そうやな。今日は練習やめにしようか」と返す。そこで、長谷川君が「そうじゃなくて、もうバンドやめませんか」と言い直すのです。

ところが、長谷川君の一発目の「もうやめませんか?」が思っていたよりもシリアスなトーンだったので、松本さんは「そうやな……」のセリフを飛ばし、「どういう意味?」と返したのです。台本にはないセリフでした。僕はこの瞬間を後ろで目の当たりにし、

「うわっ！　松本さん、こんなにちゃんとお芝居するんだ！」と衝撃を受けました。

確かに、長谷川君の「もうやめませんか?」は「練習をやめよう」のトーンではありませんでした。僕が書いた台本だったら芝居を途中でストップさせ、長谷川君に「そこはもう少し軽めにお願いできる?」とリクエストしていたと思います。あるいは、僕が松本さんの立場だったら、まずは台本通りに「そうやな。今日は練習やめにしようか」と返していたかもしれません。

台本にとらわれ過ぎると、「言わされている感」が出てしまうことがあるんですよね。松本さんのように現場で空気を読み、瞬時にセリフを選択できるのであれば、それに越したことはありません。その方が言葉に説得力が出てきますし、お芝居もフレッシュになります。

ただ、実際はどうだったんでしょうね。松本さんは単純にそこまで細かくセリフを頭に入れてなかっただけかもしれません。笑いが起きるシーンではなかったですし。もしくは、台本を入れ過ぎると、そういった反射神経が鈍るので、意図的にさらっとしか頭に入れていなかったのか。いずれにせよ、結果的に、あそこは「どういう意味?」というセリフの方が絶対、よかったと思います。

松本さんは、お芝居がうまい感じは出さないけど、うまいんですよね。決してがんばり過ぎない。その感じがリアリティーにつながっているんです。

僕が子どもの頃によく観ていたコントの演者は暴れ回って、汗だくになっているイメージがありました。でも、松本さんの演技って、どこか涼し気なんです。少年の頃、僕はそのクールさに心を撃ち抜かれたんです。こんなスタイルでも人を笑わせることができるんだ、と。

ただ、松本さんが、別の人が書いたコントや芝居に出演するときは、どうなんでしょうね。そこでも、あのクールな感じを貫くことができるのでしょうか。松本さんは自分で台本を書いて、自分で演出をして、自分で演じるからこそ、あの絶妙な塩梅の雰囲気を醸し出せるのかもしれません。

コントの強みは、作・演出・出演を全部自分でできるところにあります。お芝居に括《くく》られるジャンルの中で、そんな芸はなかなかないと思います。

僕は二〇一五年に劇団かもめんたるという演劇集団を旗揚げしました。コントと違ってお芝居は出演者の数も多く、上演時間も長いので、一人で脚本・演出・出演を担当するのは相当な負担になります。なので、脚本・演出の二役をこなす人はいても、さらに出演までする人はそうそういません。

でも僕は演劇においても、作・演出を手がけつつ、出演もします。どう演じるべきかをいちばん知っているのは脚本を書いた僕ですから。笑いの要素を含む演劇の場合は特にそうなのですが、自分で芝居をするのがいちばん効率がいいんです。


キングオブコントの会2022で、『落ちる』に出られたこと。そして、僕らしさが発揮しやすい役をもらえたこと。それらのことは僕にとって、本当にありがたく、記念碑的な出来事となりました。

僕は大学在学中に芸人の道を歩み始めました。憧《あこが》れだった世界に足を踏み入れられたという喜びもありましたが、それと同じぐらい不安もありました。当然のことながら、その道のりは険しく、なかなか結果がともないませんでした。

暗中模索の日々が続く中、二〇一二年に、ようやく一筋の光が差し込んできました。五度目の挑戦で、キングオブコントの決勝に初めて進出することができたのです。芸人としての第一歩を踏み出してから十年以上の歳月が経過していました。

二〇一二年当時、僕にとって準決勝進出者六十七組の中から最後の八組に残ることなど夢のまた夢で、まったく想像の及ばない世界でした。数字上はおよそ八分の一の確率ですが、感覚的には奇跡でも起きない限り通過できそうにないほど狭き門に見えました。

ファイナリスト発表の瞬間の興奮は、今でもよく覚えています。間違いなく、それまでの人生で最高の瞬間でした。頭がどうにかなってしまうのではないかと思えるほど嬉しかったな。芸人の道を選んだことは間違いなかったのだと、初めて思えました。これを超える喜びは僕の人生でもうないだろうとさえ思いました。

実際に翌年、キングオブコントで優勝したときも、もちろん嬉しかったのですが、正直、このときほどの感動はありませんでした。二〇一三年はすごく勢いに乗っていて、密かに優勝をねらっていたからかもしれません。予期せぬご褒美と、どこかで期待していたご褒美の差だと思います。

ところが、キングオブコントの会2022に出演させてもらい、松本さんと共演することができて、あのときの「最高」を上回る感情が世の中にはあるのだなと思いました。

芸人になって、本当によかった——。

そう、しみじみ思いました。突き上げるような激しい喜びではなく、じんわりと長く続く幸せでした。

じつは『落ちる』のコント収録中、少し流れが悪いところがあったので、急きょ、ちょっとした話し合いの場が設けられたことがありました。セット脇の前室というエリアで長机を囲み、みんなで意見を出し合ったのです。

生意気とは思いつつも、僕も意見を言わせてもらいました。それは、まとまりかけたアイディアに少し反するものでした。僕の意見を聞き終わった松本さんは腕を組んだまま頷《うなず》き、「せやなぁ」とつぶやきました。

恍惚《こうこつ》としました。僕が、あの松本さんと、いや松《ま》っちゃんと同じ土俵で打ち合わせをしている……。天にも昇る心地でした。

できることなら、あの様子を動画に撮っておいて欲しかったです。僕の言葉に反応する松本さんの姿を、手元に置いておきたかった。落ち込んだとき、あの映像を上回る元気の素なんてないですから。

ちなみに、シソンヌの長谷川君も松本さんから「せやなぁ」をゲットし、感極まっていました。あとで二人で大いに喜び合ったことは言うまでもありません。

身の程知らずと思われるかもしれませんが、お笑いの道を志したとき、僕は、あの松本人志に追いつきたいと思っていました。ただ、かなり早い段階でその夢がいかに分不相応なものかを悟りました。

今でもダウンタウンさんが雲の上の存在であることに変わりはありません。われわれの世代からすると、まさに神ですから。でも、あの瞬間、僕はその神のうちの一人と意見を戦わせることができる位置までたどり着いたわけです。四十三歳になって、やっと。

正直、これが僕の芸人人生のピークかなと思いました。収録の日は「明日《あした》からは余生だ」と思っていたくらいです。

思い返せば、僕のお笑い人生は松本さんから始まったのです。

小学六年生のとき、「ダウンタウンのごっつええ感じ」（フジテレビ、一九九一年～一九九七年）の中の『Ａｎｇｅｌちゃん』というコントを観ました。ごっつ（ダウンタウンのごっつええ感じ）がレギュラー番組になる前の、特番扱いの時代だったと思います。そのあたりの記憶は、少しあやふやなのですが。

そのコントは、浜田雅功《はまだまさとし》さんが友だちと二人でハイキングしているときに、天使役の松本さんに遭遇するところから始まります。

天使は最初はニコニコしています。ハイカーの二人も「エンジェルってほんとにいたんだぁ。かわいいな～」と感動していたのですが、二人が天使の前を通過しようとすると、天使は怒髪天を衝《つ》く勢いでキレ出します。「待てぇ！　こらぁー！」と。それが天使とは思えぬほどの常軌を逸したキレ方なんです。

キレられた理由がわからない二人は「（怒らせるようなことを）なんかやったかな……」と戸惑いつつ、また天使の前を通ろうとするのですが、再び逆鱗《げきりん》に触れてしまいます。なかなか説明の難しいコントなのですが、簡単に言うと、そういう内容でした。天使が激怒する理由は最後まで明かされません。

ナニコレ？

意味がわかりませんでした。にもかかわらず、僕はむしろその意味不明さにゲラゲラと笑っていたのです。

『Ａｎｇｅｌちゃん』は、それまで観てきたコントとは、根本的に質が違いました。簡単に言うと、僕の中のお笑い体験はそれまではほぼすべて受動体験でした。お笑いとは、こちらが何もしなくても笑わせてくれるものだと思っていたのです。ところが『Ａｎｇｅｌちゃん』は初めて能動的に笑ったのだという感覚が残りました。

今になるとよくわかるのですが、あのとき、自分はコントで説明されていない部分を自分の想像力で補って笑っていたのだと思います。この違和感が、不協和音が、おもしろいのだと。俺にはこの笑いがわかるという優越感もあり、とても快感だったのを覚えています。

たとえば、ザ・ドリフターズなど僕がそれまで親しんでいたコントは、誰かが成功例を示したあとに志村《しむら》けんさんがやらかしてしまうなど、笑いどころが非常にわかりやすい構成になっていました。つまり、この世界で言うところの「フリ」が明快なのです。

それに対して、松本さんの笑いは行間を読まなければなりません。視聴者に空欄を埋めさせる笑いです。受動的な笑いに慣れている人にとっては、未完成のコントを見せられているような居心地の悪さがあったのではないでしょうか。「何がおもしろいのだろう?」と。でも、その「何がおもしろいのだろう?」の答えを自分で導き出すところにエクスタシーを覚えました。

僕は笑いが起きる心理は、結局のところ共感だと思っています。「わかる、わかる」「ある、ある」という笑いです。松本さんのコントを観て、笑いの「あるある」がこんなに広大な世界であるということを初めて知りました。

『落ちる』も、松本さんらしい説明のないコントでした。中年コピーバンドがある曲の練習をしていると、決まったパートのところで、なぜか大竹さんの足元にぽっかり穴が現れ、落下してしまうのです。めちゃくちゃシュールですよね。

そのような現象がなぜ起きてしまうのか。やはり、説明は一切ありません。他のメンバーも穴がなぜ出現するのかという疑問には触れずに、どうやったら落ちずに演奏を続けられるかを大真面目に議論する。少年時代、僕が頭をハンマーで殴られたような衝撃を受けた不条理さ全開のコントでした。

理由がないから笑えるという乱暴なおもしろさに共感してもらうためには、一定のセンスが不可欠です。そのセンスというのも、ある意味、正体不明なところがあるのでややこしいのですが、この「不明×不明」の世界で共感を得られると、上質で、お洒落《しやれ》な服を着させてもらったかのような高揚感をお客さんに与えることができるのです。

ただし、センス勝負のシュールなネタは、無名の芸人からするとなかなか手を出しにくいところがあります。この人のやっているコントならおもしろいはずだという保険がないと、お客さんの興味を引き付けることができませんからね。僕ももっとチャレンジしたいのですが、なかなかその勇気を振り絞ることができません。

松本さんは今、あのようなコントを全国ネットの電波に乗せることの意義を誰よりも深いところでわかっているのだと思います。

メジャーな松本さん印のコントなら視聴者はついてきます。お笑い初心者からすると、決してわかりやすいコントではありませんし、違和感を覚えることもあるかもしれません。でも想像を逞《たく》しくして、行間に潜んでいるオモシロを少しでも感じ取れたら最高の体験になるはずです。それはきっと自分で自分の笑いの世界を広げていく「はじめの一歩」になることでしょう。小学校六年生の僕がそうであったように。

そうした個人的体験の集合体が、ひいてはコント全体の繁栄にもつながっていくと確信しています。

僕はこれまで芸人としてコントを中心に活動してきました。それは好みの問題であると同時に適性の問題でもありました。つまり、コントがいちばん向いているんだろうな、と。

昨今、ネタ番組といえば、漫才が主流です。年末の風物詩として定着したM-1グランプリの影響力もあるのでしょう。そこへ行くと、年々、キングオブコントが盛り上がりを見せつつあるとはいえ、コントはまだ押され気味です。

ただ、キングオブコントの会に参加し、コントの最大の楽しさを再確認しました。それは容易にユニットコントができる点です。なんだ、そんなことかと思われるかもしれませんが、これこそ漫才にはないストロングポイントだと思います。

二〇二二年秋、「ドラフトコント2022」（フジテレビ）という、ユニットコントを披露するネタ番組にも参加しました。千原《ちはら》ジュニアさん、小籔千豊《こやぶかずとよ》さんら五人のキャプテンが総勢二十名の芸人の中から、自分が組みたい芸人をドラフト指名し、そのチームごとにオリジナルコントを披露するという内容でした。

僕はアンガールズの田中卓志《たなかたくし》キャプテンのもと、錦鯉《にしきごい》の長谷川雅紀《はせがわまさのり》さん、ジェラードンのアタック西本《にしもと》君、空気階段の水川《みずかわ》かたまり君と、計五人のチームでユニットコントを作りました。キングオブコントの会同様、本当にクリエイティブな現場で終始、ワクワクしていました。この五人が集まらなければ生まれなかったであろう、一期一会とでも呼ぶべき名作コントができたという自負があります。

漫才で同じような番組を企画しても、いい結果は得られないと思うんですよね。そもそも漫才は集団には不向きな演芸です。キングオブコントの会のようにM－1王者たちを集めてメンバーをシャッフルすることはできるでしょうが、目新しさはあっても、作品性の高い漫才が生まれるかというとそれは難しい気がします。

漫才は、お笑いコンビという特殊過ぎる関係性の二人がやるからおもしろい芸なのです。長年連れ添ったコンビには、超一流の漫才師同士の即席コンビでもかなわない魅力やパワーが蓄積されているものです。Ｍ－１の熱量がそれを証明しているじゃないですか。だからこそ、毎年、あのような奇跡のドラマが何度となく繰り返されてきたのだと思います。

漫才が人と人の関係性から生まれる芸だとすれば、コントは役と役の関係性から生まれる芸です。したがって即席のユニットであってもしっくり収まりやすいし、それゆえに思ってもいなかったような化学反応が生まれるのです。

二〇二一年からキングオブコントの参加条件が変更になりました。新たに即席ユニットでもエントリーできることになったのです。

二〇二二年、さっそく「最高の人間」というユニットが決勝まで進出しました。女性芸人日本一を決める「ＴＨＥ Ｗ」（日本テレビ）の二〇二〇年の王者である吉住《よしずみ》さんと、巨匠というコンビで計二度のキングオブコントのファイナリストになった経験を持つ岡野陽《おかのよう》一《いち》君のコンビです。決勝は惜しくも六位でしたが、二人が組むことでしか出せないおもしろさを放っていました。

おそらくキングオブコントでは今後も、このように即席ユニットが優勝戦線を賑《にぎ》わすことになっていくのではないでしょうか。

じつは、かもめんたるはここ数年、かつてないほど漫才に真剣に取り組んできました。

僕らには漫才を一度、断念した過去があります。二〇〇七年に槙尾《まきお》ユウスケとコンビを結成し、翌年から二年連続でM－1にエントリーしました。しかし、最高で二回戦どまり。そのとき、漫才をメインにしているコンビにはどうやったってかなわないと痛感しました。そして、何より漫才の楽しさがわからず、僕らの心は自然と漫才から離れて行きました。

そんな僕らの心境が変化したのは、二〇二一年のことです。あるネタ番組に出演したときに作った漫才がすごくしっくりきたのです。勢い、十二年振りにM－1にエントリーし、初めて準々決勝まで勝ち進むことができました。

翌二〇二二年は、さらに自分たちの目指す漫才の形が明確になり、準決勝までたどり着きます。決勝まで、あと一歩でした。

僕らは二〇二二年が結成十五年の年だったので、この年限りでM－1への出場資格を失ってしまいました。もう少し早く漫才のおもしろさに気づいていたら……と思います。あと何年かあれば、もう一つ上のステージに立てていたのでは、と。

そこは悔しいですし、とても残念でした。でも、漫才への挑戦と努力の日々の見返りは十分過ぎるほどありました。漫才に対して昔ほど苦手意識はなくなりましたし、何よりも、お客さんの笑い声を正面から受けられるなど、漫才でしか味わえない快楽にようやく気づくことができました。THE SECOND（フジテレビ）も始まりましたし、機会があれば、また是非、漫才にトライしたいと思います。

なので、僕は、コントも漫才も、やるのも観るのも大好きです。

ただ、芸人としての僕をここまで引っ張り上げてくれたのはやはりコントなのです。僕にはコントに対する感謝、キングオブコントに対する感謝、そして、コントを通じて僕にお笑いの素晴らしさを教えてくれた松本さんへの感謝があります。

前述したように、コントと漫才を比べた場合、現状では、漫才の方がエンターテインメント界の先を走っています。それぞれの日本一を決める賞レース、M－1とキングオブコントの知名度を比べても、まだM－1の方が格上です。僕の周りの若手芸人を眺めていても、漫才に軸足を置いている芸人の方が多数派です。

でも、近い将来、コントと漫才が肩を並べる日が来ると信じています。年末になるとお笑い業界がM－1一色になるように、秋本番を迎える頃、世の中はキングオブコントカラーに色づく。そんな日が、すぐそこまで来ていると思います。それくらい日本のコント界は今、活気づいています。

キングオブコントの会がこのまま恒例となれば、キングオブコントで優勝して、キングオブコントの会で憧れの先輩芸人と共演するのが夢だという芸人も出てくるかもしれません。僕がまだ優勝していなかったら、キングオブコントの会で松本さんと共演できるかも……というご褒美は、とてつもなく大きなモチベーションになっていたはずです。

未来の日本のコント。未来のキングオブコント王者。そして、未来のコントファンたち。この本が、そこに光を届けるサーチライトのような存在になってくれることを願ってやみません。

だから、何でも聞いてください。

せいいっぱい知恵を絞って、全力で答えさせていただきます。

さあ、いよいよショーの幕開けです。

（※ステージ、明転）

シーン 1

「コントと漫才の境界線」

Q1 いきなりですがキングオブコント史上、ベストワンのネタは何ですか

もし、僕がキングオブコント史上におけるベストワンを選ぶとしたら、東京03さんのあのネタかな。実際、スタジオで観覧していたということもあって、あのときの興奮は今も忘れられません。

僕の中のベスト。それは、二〇〇九年、キングオブコントの第二回大会で東京03さんが優勝したときの二本目のネタ、『旅行』です。

あのネタは、すべてが印象的でした。ツッコミの飯塚《いいづか》（悟志《さとし》）さんが、キレて「よーし！　トランプしよ！」と絶叫してトランプを配りだしたとき、観覧席から一斉に「拍手笑い」が起こったんですよ。僕も体が熱くなったものです。あの瞬間、「うわぁ！　いった！」と確信しました。

キングオブコントは第七回大会まで、準決勝で敗退した芸人たち百人による芸人審査が名物だったんです。持ち点は一人十点で、千点満点方式でした（第一回大会のみ持ち点は五点）。かもめんたるも、あの年、初めて準決勝まで進出したので、審査員としてスタジ

オの観覧席に座っていたのです。

『旅行』は、その後のコントの未来や、キングオブコントの方向性を決めたと言っても過言ではないと思います。それくらいコントの可能性とおもしろさがギュッと詰まっていました。僕も当然、満点となる十点を付けました。

『旅行』は女一人、男二人の友だち同士が、大学生のとき以来、久々に三人で三泊四日の旅行にやってきたというストーリーでした。導入部で、この旅行をもっとも楽しみにしていたのは飯塚さんだということをこれでもかというほど強く印象付けるんですよね。そのキャラクター設定があとあと、とても重要になってくるので。

すでにはしゃぎ気味だった飯塚さんは宿に到着するなり、露天風呂《ぶろ》を見てくると言って、いったんはける（舞台裏に退く）んです。ここで最初の大きな動きがありました。二人きりになったタイミングを見計らって、角田《かくた》（晃広《あきひろ》）さんが、女性役の豊本（明長）さんに愛の告白をするんです。

角田さんは、おもむろにハーモニカを取り出し、それを軽快に吹き鳴らしつつ、豊本さんに思いの丈をぶつけました。

自己陶酔しながら奏でるハーモニカがうま過ぎるところがまずおもしろいんです。さらに角田さんは「愛が騒いで、夜も眠れねえよ」とダサい言葉で畳みかける。

最初にハーモニカをナルシスティックに吹いて見せることで、角田さんのキャラクターを手っ取り早く観客に刷り込むことができる。だから、臭過ぎるセリフも「この男は、本気でこのダサいセリフが殺し文句になると思っているのだな」と思え、おかしさが染み渡るように広がっていくのです。

あそこで、ハーモニカを吹くという前段抜きに「愛が騒いで、夜も眠れねえよ」とぶつけてしまうと、やや唐突だし、キザなキャラクターだという情報としての役割が大きくなり過ぎる。そうすると、本来のボケとしての役割が弱まり、笑いが起きにくくなってしまうのです。

あのダサいセリフを体いっぱいに浴びてもらうためにも、その前にハーモニカという小道具が必要だったのです。

唐突にハーモニカを吹くという演出は、キャラによってはボケ感が出過ぎてしまうこともあると思います。ただ、角田さんの場合は、風貌《ふうぼう》やテンションが絶妙にマッチしているんですよね。「角田＋うまいハーモニカの演奏＝おかしい」という等式が観客の間でも瞬時に共有されていました。だからこそ、許される。

もちろん言葉で少しずつキャラクターを印象付ける方法もありますが、それだとやや時間がかかる。キングオブコント決勝のネタ時間は、今は五分になりましたが、当時は四分でした。今以上に遠回りしている余裕はありません。

それにしても、よくあれだけのドラマを四分に収めましたよね。時間を有効利用するためにも、ハーモニカは素晴らしい小道具でした。

コントは漫才と違って小道具を使えるというメリットがあります。いわば武器です。それだけに下手に使いたくない。コント師としては腕の見せ所なんです。

Q2 漫才トリオと比べて、コントトリオの成功率が高いのはなぜですか

豊本さんは、角田さんの付き合って欲しいという告白をあっさりと却下します。「無理、無理、無理、無理」と。

あまりの塩対応に、場の空気は一転します。せっかくの旅行気分は台無しになり、険悪なムードが漂い始めます。

そこへ何も知らない飯塚さんが戻ってくる。「うわ、ここからどういう展開になる

の？」と期待値が一気に高まります。

漫才の場合、トリオって、なかなかうまくいかないイメージがありますよね。漫才トリオの難しいところは、しゃべっていない人がいるとその人が取り残されてしまっているように見えてしまう点にあります。観ている方も気になっちゃいますよね。その人がしゃべり出すときも、黙っていたぶん、何らかの意味付けが必要になってくる。それもまた難しい。

三人がバランスよくしゃべりまくる漫才があったらおもしろそうですけど、なかなか見かけませんよね。トリオ漫才は、やはりそれだけハードルが高いのだと思います。

一方、コントはトリオで成功している例がたくさんあります。東京03さんを始め、キングオブコントの第四回大会王者のロバートさん、同じく第十一回大会王者のハナコ、キングオブコント決勝に四回ずつ出場しているジャングルポケットとＧＡＧなどなど、人気と実力を兼ね備えたトリオがたくさんいます。

コントの場合は漫才と違って出番がないのなら、はけてしまえばいい。そこが最大の強みです。誰かをいったん退場させることで、空気をガラッと変えることができる。さらに、いなくなった人物が再び現れることで、また場面を転換できます。

『旅行』は、この「退場→再登場」というテクニックを実に効果的に用いています。

まず、飯塚さんが舞台から去ったところで、残された二人の距離感が途端に縮まり、密室感が増します。そこに飯塚さんが戻ってきて、今度はその緊張状態が緩む。

この空気感の変化だけでもおもしろいじゃないですか。知らない国の言葉で演じられていたとしても流れる空気の違いだけは感じ取れると思うんです。

再登場した飯塚さんは事の顛末《てんまつ》を知らされ、三泊もある旅行の、よりによって初日になんてことをしてくれたんだと二人に対して憤ります。この三泊という設定も見事としか言いようがない。二泊と三泊って、ぜんぜん違いますもんね。相当仲がよくないと社会人にもなって三泊もしないじゃないですか。

この情報によって、飯塚さんにとって待ちに待った大イベントだったということが伝わり、お客さんはより感情移入しやすくなります。

激昂《げっこう》した飯塚さんは「この旅行中は何としてでも仲よく振る舞ってもらうからな！　わかったか！」と強引に仲直りさせようとします。

ここです。ここで、怒りと悲しみで思考回路がめちゃくちゃになってしまった飯塚さんの「よーし！　トランプしよ！」が出てくるんです。あの瞬間、会場の気持ちが一つになりました。

飯塚さん、トランプを忘れずに持ってきてたんだな。飯塚さん、前日、カバンにトランプを入れたときは、さぞかし楽しかったんだろうな。言ってることもやってることも無茶苦茶だけど、その気持ち、わかるわ。それぞれが、それぞれの想像をトランプに重ね、飯塚さんを応援する気持ちになったんです。その一体感が本当に気持ちよかった。

観ている人間にこう思わせたら、コントは勝ちなんです。登場人物を応援する気持ちにさせたら、もはや無敵です。

飯塚さんはそれまでツッコミ役だったんですけど、あの場面を境に、ボケに転じているんですよね。ツッコんでた人が、ツッコまれる側に回る。この逆転現象を観客に飲み込んでもらうのって、なかなか難しいんですよ。ちゃんと手順を踏まないと「あの人、急にどうしちゃったのかしら？」とお客さんの心が離れてしまいます。

東京03さんは、そこはさすがですよね。飯塚さんがこの旅行をいかに楽しみにしていたかという情報を少しずつ、丁寧に積み重ねていった。なので、飯塚青年が大爆発したときも、観ている側はすんなりと受け止めることができました。

漫才同様、コントの中にもツッコミ役、ボケ役という役割分担はいちおうあります。ただ、コントの場合は、その前にあくまで一人の人間だという大前提があるべきだと思うんです。

われわれの実生活において、ツッコミ役だとかボケ役という役割分担はないですよね。もちろん、いつもトンチンカンなことを言ってイジられる人、そういう人にいつもツッコむ役回りの人という程度の、ごく自然な棲《す》み分けぐらいはありますけど。

ただ、その境界線はあくまでぼんやりとしていて、いつもツッコんでいる人が急にボケたり、いつもイジられている人が鋭いツッコミを入れたりすることもある。両極端な性格を併せ持っているのが人間です。その矛盾が、複雑だけれども人間のおもしろいところだと思うんですよ。

『旅行』は、その人間の生の部分をまざまざと見せつけてくれました。ブチ切れた飯塚さんが「トランプしよ！」と言ったとき、コントの世界と、われわれが住んでいる世界がつながった。「ああ、この役、本当の人間だ」って。

笑いって深くなると感動も連れてきてくれるじゃないですか。このときがまさにそうでしたね。泣きそうな気持になりながら、笑っていました。

Q3 賞レースはボケ数が優先されがちですがキングオブコントもそうですか

二〇〇八年にキングオブコントが始まって、コントの幅と奥行きが一気に広がった気がします。

それまでのコントは、言い方が難しいのですが、いかにおもしろいことを言うかみたいな側面が強かったと思うんです。いわゆる大喜利的な笑いです。

シチュエーションでいうと、野球のヒーローインタビューとか、不動産屋での物件探しとか、万引きした主婦とスーパーの店長のやりとりとかです。つまり、質疑応答で進めるスタイルが多かった。発想のエネルギーが質問に対していかにユニークな返しをするかに集中していました。

ここで例にあげた場面設定って、実は漫才でも多く見かけるものばかりなんですよ。つまり、漫才に置き換えることもできるわけです。

キングオブコントの競い合いが高レベル化することによって、必然的に多くのコント師たちがコントでしか表現できないものを追求するようになりました。それによって、漫才とコントの差別化がより進みました。

大事なのは「笑いの数」か「笑いの大きさ」か。賞レースにおいて、よくそんな議論がされますよね。僕はコントにおいて、もっと言えば、キングオブコントにおいてもっとも重視されるべきは「笑いの質」だと思うんです。

もちろん笑いの数が多いに越したことはありませんが、極端な言い方をすると、大喜利的な笑いで十回笑わせるよりも、積み上げた人間ドラマで心の底から一回笑わせた方が勝つことがあってもいい。

東京03さんのコント『旅行』は、随所に良質な笑いがちりばめられていましたが、最後に用意されていた笑いも極上でした。

飯塚さんの狂気じみた仲直り工作も空しく、怒りが収まらない角田さんと豊本さんは、荷物を持って部屋を出て行ってしまいます。飯塚さんは「なにこれ……」と膝《ひざ》を抱えます。

コントの世界に入り込んでいた僕は飯塚さんとまったく同じ気持ちになっていました。

おそらく会場の誰もがそう思っていたはずです。三人の行く末を温かく見守る空気になっていたので、最後はハッピーエンドで終わって欲しかったんです。

ところが、諦《あきら》めかけたそのときでした。角田さんと豊本さんが仲よさそうに大笑いしながら戻ってきたのです。そして、こう言いました。

「飯塚！　女将《おかみ》の顔、おもしれえな！」

僕は心の中で「やったぜ！」と、叫んでいました。このオチには伏線がありました。

コントの序盤、飯塚さんは、露天風呂を見に行くと言って、舞台から一時的にいなくなります。そして、部屋に戻ってくるなり「ここの旅館の女将、すげえ変な顔してんの。見に行こうぜ！」と超ハイテンションで二人を誘っていたんです。でも、二人の間にはすでに険悪なムードが漂っていたので、それどころではありませんでした。

最後の最後で、旅館の女将の顔がおもしろいねという、じつにくだらないところで三人の心がつながった。なんと素敵な着地なのでしょう。

東京03さんの三人の手のひらの上で気持ちよく転がされまくった。『旅行』の四分間は、そんな体験でした。

余談になりますが、今、あのコントをやるなら、女将の顔をイジる部分は、修正が必要かもしれませんね。時代的に容姿を笑いのネタにするのは難しくなってきていますから。腹がよじれるほど笑わせてもらったので、もったいなくもあり、さみしくもあるのですが。

Q4 賞レース向きのネタって、あるものですか

コメディーや喜劇と呼ばれるお芝居と、コントの違いは何か。僕の経験から言うと、笑わせるという目的以外のシーンがあるかどうかです。

僕が芝居の脚本を書いているとき、たとえば物語が感動的な方向へ流れていったとしてもほとんど気になりません。観る側も芝居ならそういったシーンであっても素直に受け止めてくれるものです。二時間、ただ笑わせ続けることなんて不可能ですしね。感動だけでなく、ミステリーだとか、ホラー的な要素があってもいい。むしろ、お芝居はいろいろなエレメントが含まれている方がお客さんの満足度は高いんです。

また、どんな成分であっても組み合わせ次第では、笑いに転化できますからね。構成要素の種類が多ければ多いほど、笑いのバリエーションも多くなります。

ただ、コントの場合は、原則「ウケ」至上主義です。下手に感動させられても、お客さんは戸惑ってしまいます。「いやいや、笑いにきたんだけど」と。感動的シーンを挟むのなら、のちのボケのためのフリになっていることが大前提です。

新品のボールペンの先って、樹脂玉が付いていますよね。コントもあれと同じなんです。どんなにブラックなネタも、どんなに怖いネタも、どんなにヒューマンなネタも、よく見ると、先端はオモシロで包まれている。それが絶対的なルールです。

コントは、あくまで「お笑い」ですから。出口は、お笑いというアーチをくぐらせて締めくくるのが粋《いき》なのです。

かもめんたるのコントには、一見すると、ホラーじみたオチで終わるネタもあるにはあります。でも、そのネタもよく見て欲しいんです。先っぽに「なんでこんなに怖くするの？」というバカバカしさ、つまりは笑いの樹脂玉がくっ付けてあるんです。見えなかったと言われれば、それまでなのですが……。

ただ、賞レースになると、話は少し変わってくると思います。笑いの樹脂玉が付いているだけでは十分とは言えません。『旅行』における飯塚さんの役がそうだったように、思わず応援してあげたくなるようなキャラクターを登場させた方が有利でしょうね。

二〇二〇年の「ＴＨＥ　Ｗ」で、女性芸人の吉住さんが優勝したときの一本目のネタ『女審判』もそうでしたよね。

吉住さんが扮《ふん》する女性は野球の審判を生業《なりわい》としてきたがゆえに、恋愛で失敗を繰り返してきました。ネタが進むにつれ、そんな彼女の悲哀に観る側がつい肩入れしたくなるんですよね。このキャラクターに幸せになってもらいたいな、みたいな。THE W史に残る名作でしたし、同時に賞レース向きなネタでもありました。

もちろん、キャラクターを応援したくなるという現象が起きるのは、そもそもネタがおもしろいからでもあります。だから、まずはネタそのものの評価が高く、そこに「がんばれ！」というプラスαの感情が加わる。ゆえに点がハネるんです。

二〇二一年のキングオブコントで優勝した空気階段の一本目のネタも、登場人物の二人を応援したくなるようなネタでしたよね。消防職員と警察官という公職に身を置く二人が、火事が起きたSMクラブで鉢合わせになり、救出&脱出をはかる。SMクラブ通いが趣味という、ある意味、脛《すね》に傷持つ二人組が力を合わせるという展開に観る者の胸が熱くなりました。僕はテレビで観ていたのですが、会場が一つになる様子が手に取るように伝わってきました。

ただ、お客さんの後押しを受けやすいキャラクターやストーリーを意識し過ぎると、さっきも触れましたが、感動が上回ってお笑いではなくなってしまうケースもあります。そうなってしまったら本末転倒ですからね。応援してもらえるようなネタをねらって作るというのはかなり高度なことですし、危険な気もしますね。結果、そういうネタになったというのが塩梅としてはちょうどいいのだと思います。

そこへ行くと、僕らが優勝したときのネタはいずれもお客さんの声援を受けるような陽性のキャラクターは登場していません。あとでお話ししたいのですが、当時のキングオブコントは、そういうネタでも受け入れられる雰囲気があったんですよね。

繰り返しになりますけど、どちらかというと僕は頭のネジが何本か抜け落ちているような人物の方が好みなんです。いい意味で、ですよ。狂気をまとった人というのかな。そういうキャラクターの方が人間の本性が剝《む》き出しになっているものじゃないですか。僕自身、そういう人の心ほど覗《のぞ》いて見たくなるし、演じてみたくなるんです。

僕のマネージャーは東京03さんと僕らを比較して、よくこんな言い方をするんです。「東京03はディズニー映画で、かもめんたるはゾンビ映画」だと。だから、僕らは売れないんだと。ゾンビ映画もおもしろいじゃないですか。ねえ？　なので、それはそれでいいんですけど。

本音を言うと、僕らのようなちょっと気持ち悪いネタで優勝するコンビが出てこないかなとずっと思っていたんです。完全に僕の好みの話なのですが。

そうしたら、出てきましたね。僕らとは少し毛色は違うかもしれませんけど、二〇二二年のキングオブコント王者、ビスケットブラザーズです。

特にファイナルステージで披露した『ぴったり』というネタは圧巻でした。女の子同士の友情をテーマにしたネタかと思いきや、一人の方の女性が「男の人を紹介したい」と言い出して、目の前で洋服やカツラをはぎ取り、じつは男であったことをカミングアウトする。あのシーンは怖いんだけど、最高におもしろかったですよね。

Q5 トリオの役割は、大ボケ、小ボケ、ツッコミに分かれるものなのですか

二〇〇九年から二〇一三年、その五年間のキングオブコント決勝は、一本目の順位にかかわらず全八組とも平等に二本ずつネタを披露できるシステムでした。

二〇〇九年のファーストステージは、トップバッターで登場した東京03さんが『コンビニ強盗』というネタで八三五点の高得点をマーク。暫定一位を守り続けるという展開で進んでいました。

『コンビニ強盗』も『旅行』に負けず劣らずいいネタでしたよね。

舞台は、深夜のコンビニです。ネタの導入部分で、アルバイト店員の豊本さんと店長の角田さんが互いにおどかしっこをするんですよね。そこで、些細《ささい》なことでも激しく動揺してしまう角田さんと、何が起きても微塵《みじん》も動じない豊本さんというキャラクターをまずはしっかりと印象付けます。二人の対照的な性格がこのネタの肝なんです。そのいちばん大事なところを、笑いを取りつつ、初《しょ》っ端《ぱな》で鮮やかに提示しています。

一つのシーンが二つの役割を果たしている。ネタ時間がシビアな賞レースでは必須《ひっす》のテクニックですよね。

このあと、強盗に扮した飯塚さんが、ナイフを片手に「金出せ！」と店内に押し入ってきます。ところが、豊本さんはナイフを突きつけられても平然としていて、一方の角田さんは足をガクガクと震わせてわめき散らすばかりで、強盗からすると、どちらに迫っても埒《らち》があかない。

業を煮やした飯塚さんは、こう叫びます。

「ちょうどいいヤツいねえのか！　この店！」

僕はこのセリフが好きなんですよね。客席に座っている人からしたら、いちばん言って欲しいセリフじゃないですか。いまいち言語化できずにいた感情に、ぴったりはまる言葉を持ってきてくれた。ほんと、ほんとって。そこがおもしろいんだよね、って。これも共感の笑いです。

もう一つ言うと、東京03さんの強みがここにあるんです。お笑いトリオは通常、ツッコミ、大ボケ、小ボケというだいたいの役割分担があります。大ボケがトリオのエース的存在で、最終的に笑いをさらっていくイメージがあります。

ただ、東京03さんの場合は少し違う。ボケ役である角田さんと豊本さんは、まさにこのコントの中のイメージそのものなんです。ボケが両極端。角田さんが人一倍間抜けな男だったら、豊本さんは冷静過ぎで狂気的に見えるとか。しかもボケの強さが同等なんです。大小というよりは、左右と言えばいいのかな。左ボケと右ボケみたいな感じなんです。二人とも強烈なアタックを打ち込める。対立のバリエーションも豊富なんですよね。熱い男と醒《さ》めた男とか、スターと庶民とか。

同じくトリオのロバートさんの場合だと、やはり大黒柱は天才的なボケの秋山《あきやま》（竜次《りゅうじ》）さんになると思うんですね。もう一人のボケである馬場《ばば》（裕之《ひろゆき》）さんは、秋山さんに付随した役に回ることが多い。大ボケと小ボケの関係性のおもしろさもあるので、優劣ではないんですけどね。

トリオのコントは三人が有機的に機能し、それぞれを活《い》かし合っていることが重要です。「三人いる意味」というのが問われるのです。

東京03さんのようにボケのタイプが対照的で、いずれも大きな笑いを起こす力を持っているトリオはそうはいないと思います。つくづくコントの神様に愛されているトリオだと思いますね。

実際の関係性もコントの中の配役と少し似ているところがあるんですよ。角田さんは、飯塚さんにイジられるのはいいけど、豊本さんにイジられるのは絶対に許せないらしいんです。プライベートでも対立関係にある。その雰囲気がコントにも反映されていますよね。

Q6 『コンビニ強盗』も飯塚さんの豹変シーンが見どころですよね

僕は東京03さんのラジオ番組「東京03の好きにさせるかッ!」（NHKラジオ第一）の中のラジオコントの脚本をよく担当させてもらっているのですが、非常に書きやすいんです。三人の関係性がおもしろいので物語が生まれやすいのだと思います。

あの三人って、小さな日本のように見えませんか？

日本人ってそうだよな、みたいなコントも多いじゃないですか。三人で日本を表現しちゃってもいる。だから、ふるさと納税のＣＭもやっているのかな。僕の中では三人は「東京」というより、もはや「日本」ですよ。

『コンビニ強盗』と『旅行』は構図的にはまったく違うのですが、どちらのネタも一つ、似たようなパターンを持っています。途中でツッコミの飯塚さんのキャラクターが激変するのです。おそらく、東京03さんの中で、あの時期、人格の逆転劇みたいなのがブームだったというか、必勝パターンだったのだと思います。

強盗に脅されてもまったくペースを崩さない豊本さんは、途中で休憩を取りに行こうとします。強盗役の飯塚さんは、そんな豊本さんを「どうせ警察に通報すんだろ」と阻止します。すると、豊本さんは、さも心外だと言わんばかりに「しねえよ」と否定する。

ここで飯塚さんの表情がパッと変わるんですよね。少し怯《おび》えが入るんです。それで少し間をおいて、こう声を張り上げる。

「しろよ！　チャンスじゃん！」

この言い方が完璧《かんぺき》なんですよ。さすが飯塚さんですよね。並みのツッコミだったら、怯えた素振りなど見せずに、間髪を入れずにツッコんでしまうと思うんです。

本来、強盗がこんなことを言うはずないんです。通報されたらまずいわけですから。ただ、怯えを挟むことで、自分に不都合なことを叫ぶという流れが説得力を持ってくるんです。つまり、飯塚さんはこのとき、豊本さんの狂気じみた落ち着きぶりに恐怖を感じ、錯乱してしまっているのだな、と。

強盗の豹変《ひょうへん》ぶりに客席のお客さんは大笑いしていますけど、役の中の飯塚さんは、おもしろいことを言っているつもりなど微塵もない。強盗なりに初めて体験する恐怖の中で必死に精神の均衡を保とうとしている。

この手のシーンでありがちな失敗は、変にお笑いっぽくしてしまうことなんです。呆れ気味に「しろよ～」って、ちょっと笑いながら言ってみたり。ここ、笑うところですよと過剰にアピールしてしまう。

その言い方でもそれなりにウケると思いますけど、それをすると一瞬にしてリアリティーが失われてしまいます。コントでいちばん大事な笑いの質が損なわれてしまうんです。

強盗はこのシーンを境に途端に善人になり代わります。無様に怯えている店長を見てケラケラ笑っている豊本さんを「店長は極限状態なんだぞ！」と叱責《しっせき》し、最後は店長に迷惑をかけたくないからと大人しく店から去っていきます。

普通に考えたら、ありえないんですよ。この展開を無理のないものにしているのは、やはり「しろよ！」のシーンなんですよね。

あそこで変に笑わせにかかって芝居の緊張感を解いてしまったら、このシナリオは不自然になっていたのではないでしょうか。結局、この強盗ってどんな人間なの？　って。消化不良を起こしていたと思います。

芝居って家と同じで、基礎が大事なんです。その基礎は何かというと、人と接していることで発生している緊張感です。ストレスと言い換えてもいい。それは家族同士でもあるはずなんです。意識するしないにかかわらず。喜怒哀楽の表現は、すべてその土台の上にあるべきなんです。

ただでさえ緊張しているのに、その上、他者からプレッシャーを受けたら、感情をストレートに表現することなんてできないですよね。怒りで大声を上げたつもりが、声が上ずって情けない声しか出なかったり、声を出すことさえままならなかったりするものです。ときどき、この土台の緊張感を持続できない人がいるんです。芝居が下手と言われる人は、だいたいそうなんですよね。人と接していることのストレスを忘れてしまうので、喜怒哀楽の表現が単調になってしまうんです。そうすると、もうそれは血の通った人間の振る舞いではなくなってしまう。

東京03さんは、この緊張感を絶対になおざりにしません。だから、お客さんの心を最後までつなぎとめることができるんです。

このネタも締めが秀逸でした。角田さんは安堵《あんど》し、こう独りごとを言います。

「いやー、いい人だ」

脚本家が書いた言葉ではなく、物語の中にいる角田さんが心の底からつぶやいた声に聞こえました。

Q7 二〇〇九年のキングオブコント決勝でサンドウィッチマンが敗れた理由は？

二〇〇九年のキングオブコント決勝は終盤、七番手で登場したサンドウィッチマンさんが『ハンバーガー屋』というネタで大爆笑を巻き起こします。二〇〇七年のM－1で敗者復活戦から逆転優勝したときの『宅配ピザ』を彷彿《ほうふつ》とさせるようなサンドウィッチマン・ワールド全開のネタでした。

二人のネタは、これといった物語やドラマがあるわけではありません。パターンもほぼ一緒です。店員役の富澤《とみざわ》（たけし）さんのおとぼけに、お客さん役の伊達《だて》（みきお）さんがケンカ腰でツッコんでいく。それがお決まりの形です。

オールドスタイルであり、ストロングスタイルのコントですよね。非常にシンプルなのですが、それだけに力強い。

サンドウィッチマンさんは状況設定やストーリーで笑いを取るのではなく、ひたすら二人の掛け合いで笑いを起こしていきます。それだけだと笑いのパターンが限られてしまうので、本来は得策ではないんです。

ただ、サンドウィッチマンさんの場合は、富澤さんのボケの量と強さが半端じゃない上に、伊達さんのツッコミが華麗なんですよ。切れ味が鋭い。なので、そのやりとりだけで普通のコンビの何倍もウケるんです。二人にしか奏でられないお笑いのリズムみたいなものがあって、それが心地よく、こちらもずっと乗せられてしまうんですよね。

『ハンバーガー屋』は、東京03さんの『コンビニ強盗』を四三点も上回る八七八点を叩《はた》き出します。ここで一気にサンドウィッチマンさんの流れになりました。

正直なところ、一本目を終えた時点では、これはサンドウィッチマンさんが逃げ切りそうだなと思いました。M－1で勝ち、キングオブコントも持っていく。なんかドラマチックじゃないですか。そのドラマを周りも見たがっているんじゃないのかなと思ったんですよね。

一本目のリードって、ものすごく大きいんですよ。二本目は一本目の得点が低かった順にネタを披露するので、一位通過組はトリ出番になる。前の組がどんなにウケていても、やっぱり一本目の一位が登場すると「待ってました！」という空気になりますしね。真打ち登場、みたいな。実際、全八組が二本ずつネタを披露する方式だった五年間は、この年以外、すべて一本目一位通過組が優勝しているんです。僕らもそうでした。

二位通過の東京03さんは二本目、七番目に登場しました。そこで、あの『旅行』を披露し、九五三点というとんでもない高得点をマークしたのです。実感としては、その点数以上に会場全体が東京03さんのコントに魅了されていました。

観覧席に座っていた僕も興奮していました。これはすごい戦いになってきたぞ、と。

Q8 東京03の優勝はキングオブコントの流れをつくる意味でも大きかったのでは？

サンドウィッチマンさんの二本目『散髪屋』というネタは、一本目に比べると動きや間があって、しゃべりのテンポがややゆったりとしたコントでした。そのぶん、インパクトが弱まってしまった感じはありましたよね。やはりサンドウィッチマンさんは漫才のときのようにアップテンポでグイグイ進んだ方が爆発力があるような気がします。

でも、あの年は、それより何より、僕らの心が東京03さんの二本目の『旅行』にわしづかみにされてしまったということなのかもしれません。

今にして思うと、あの年の東京03さんの逆転劇は、キングオブコントの歴史において非常に重要なターニングポイントだったと思います。

すごく対照的なネタだったじゃないですか。芝居寄りの精緻《せいち》な東京03さんのネタと、従来のコントをよりパワフルに進化させたサンドウィッチマンさんのシンプルなネタ。やや大袈裟《おおげさ》に言うと、観覧席の百人の芸人たちは、その二本のコントを天秤《てんびん》にかけ、これからのコントが向かうべき道は東京03の方だよねというジャッジをしたのだと思います。

サンドウィッチマンさんの二本目の点数は八六五点でした。東京03さんの二本目の九五三点と比べると、実に八八点差です。実際、二つのコントに八八点もの差があったとは思いません。ただ、百人の審査員のうち、ほとんどの人が一点差を付けたんでしょうね。それがこれだけの点差になったのだと思います。

最終的には、東京03さんが計一七八八点、サンドウィッチマンさんが計一七四三点で、東京03さんが二代目王者に輝きました。

あのとき生まれたキングオブコントにおける流れは、その後も続いています。僕らのコントも芝居寄りですし、二〇一四年王者のシソンヌもそっちの系統でしたよね。シソンヌは今、単独ライブのチケットが即完するほどの人気コンビです。ビスケットブラザーズやコットンが躍進した二〇二二年のキングオブコントも「演技力」がキーワードになりました。

東京03さんは優勝する前から、芸人間ではすごく評価が高かったですし、すでに大勢のファンが付いていました。彼らはライブで生計を立てていく道を最初に切り開いたコント師でもあります。ただ、優勝以前はそこまでテレビに露出していたわけではないですし、そこまで全国的に知名度が高かったわけでもありません。その頃の東京03さんは、どちらかというと職人気質《かたぎ》なイメージが強かったんです。

でも、二〇〇九年のキングオブコントは、そういう玄人好みしそうな芸人をきちんと評価しました。それを肌で感じ、僕らもすごく励みになった記憶があります。

Q9 かもめんたるもコントネタを漫才ネタにすることはあるのですか

サンドウィッチマンさんはこの年、初めてキングオブコントにエントリーしたのだそうです。二人はもともとコント師なので、第一回大会から出場していたのかと思っていました。M－1王者になった後で忙しかったのかな。

サンドウィッチマンさんの漫才ネタは、もともとコントだったものを漫才にしたものも多いそうです。だから、漫才コントが多いんでしょうね。

念のために触れておきますが、漫才コントとは「おまえコンビニの店員やって、俺は客をやるから」みたいに二人がそれぞれ役に入る漫才のことです。漫才の中にコントが入っているようなイメージでしょうか。

サンドウィッチマンさんのM－1の優勝ネタ『宅配ピザ』も、もともとはコントだったと聞きました。確かに、あれも前後を切り取れば、ほぼそのままでコントにできますよね。

こう話すと、コントネタを漫才ネタにすることなんて、たやすいことだと思われるかもしれませんがとんでもないです。この移植ができるかどうかは、じつはすごく向き不向きがあります。そもそものコントの種類にもよりますが、僕らは絶対できません。まず導入の「おまえ店員やって、俺、客やるから」がうまく言えないんです。うまく言えないというのも変な言い方ですね。つまり、あのセリフを言う資格が自分にあるのかなって思ってしまうんです。

というのも、あの導入方法は、過去の漫才師たちの世紀の大発明であり、漫才師の共有財産でもあるわけですよね。あれを思いついたことで、漫才の世界がぐっと広がったわけですから。その財産に手を出した時点で、僕は、過去現在を問わずあらゆる偉大な漫才師たちと同じスタートラインに立たなければならない気がするんです。

だったら、当然、そのレースにふさわしい漫才をやらなければならないし、今後もやり続けなければいけないような気がして。あの入り方を真似しようとすると、そうやって僕の中で漫才に対するハードルがどんどん上がっていってしまうんですよ。

僕がひねくれている、というのもあるのかな。たとえば、漫才コントでは、恋人のお父さんのところへ結婚の許しを請いに行くという定番の設定がありますよね。入りもだいたい決まっていて、「彼女のお父さんにどうやってあいさつしたらいいかわからないから、練習させてよ」みたいなことを言うわけです。

僕は、友だちにそんな相談をする人いるかなって思っちゃうんです。ひねくれているでしょう？

漫才師も、そんなことは百も承知なわけですよ。漫才コントの導入部のセリフは「現実的に考えたら、こんなお願いはありえないけど、まあ、漫才だから、そこはやいのやいの言わずに付き合ってよ」という釈明であり、よろしくねというちょっとしたあいさつのようなものなのだと思います。そのぶん、このあと笑わせますから、と。

漫才師のそういうスタンスに憧れもあります。でも、僕がまだ漫才師になり切れてないからなのかな、そこまで腹を括れないんですよね。

往々にして、漫才師の方がコント師よりも、もてなし上手ですよね。漫才は、お客さんとの一種のコミュニケーションだからだと思うんです。漫才師は原則、目の前にお客さんがいて、そのお客さんの笑い声も聞こえていますよ、という前提でネタを進めていきます。お客さんの存在を無視することはできません。なので、その日のお客さんによってネタの運び方も変わってくるだろうし、アドリブを入れることも厭《いと》わない。

一方、コントの中のキャラクターたちは、お客さんはいないものとして舞台に立ち続けます。アパートの一室で起きているという設定のコントだったら、そこは密室なわけです。

当然、お客さんの笑い声が聞こえるはずもない。したがって、お客さんの反応に影響されることなく、自分のペースで淡々と芝居を続けます。

漫才とコントの、この違いって、すごく大きなことだと思うんですよね。

もちろんコントであっても少なからずアドリブを入れることはありますけど、漫才ほど自由ではありません。僕は漫才であってもお客さんの反応に応じてネタ運びを変えるなんて芸当はまだできませんね。

Q10 サンドウィッチマンは元コント師なのに、なぜM−1で優勝できたのでしょう?

漫才コントって、途中で「そんな店員いないでしょ。ちゃんとやってくださいよ」「ごめんごめん。次はちゃんとやるから」みたいにいったん役を離れて、素の自分に戻ったりしますよね。ああいう、入ったり抜け出したりするときのつなぎのやりとりが非常に大事なんですよね。

二〇〇四年のM−1王者、アンタッチャブルさんも漫才コントを得意にしていますが、アンタッチャブルさんはその出入りが抜群にうまい。コントに入る前の漫才としてのやりとり。そして、コントの部分。そこから、また漫才に戻る部分。それらが、ずっとシームレスなんです。だから、最初から最後までだれることがない。ずっとおもしろいんです。まさに理想の漫才コントだと思います。

それに対してサンドウィッチマンさんの漫才コントは、最初にコントに入ったら原則、最後まで入りっぱなしです。つまり、厳密に言えば漫才としてのやりとりは入口と出口のみ。ただし、コントに入ってからの二人の掛け合いがずっと漫才っぽい作りになっているというスタイルです。こちらはこちらで完成した形ですよね。

サンドウィッチマンさんのコントは、そもそも漫才向きなのだと思います。どんな役でも伊達さんは伊達さんのまま、富澤さんは富澤さんのまま。素の状態に近い。だからコントネタであっても普段の会話のようなテンポで掛け合いができるし、漫才的なおもしろさが滲《にじ》み出てくる。

アンタッチャブルさんとサンドウィッチマンさんに共通しているのはテンポのよさですよね。テンポによっておもしろくなり、かつ作品性が高まるのは、コントよりも漫才の方だと思います。

僕の中では、この二組は漫才もできるコント師というよりは、コントもできる漫才師なんですよね。ボケの質も漫才の方がより映える。スピードがある上にパワーも備えていますから。スポーツカーのスピードで走るブルドーザーのようなものです。M－1のような賞レースになると、彼らの存在感や熱量が特にものをいいますよね。

伊達さんはツッコんだあと、おもしろいフレーズをよく追加したりするじゃないですか。アンタッチャブルの柴田《しばた》（英嗣《ひでつぐ》）さんも似たようなところがありますよね。二人はツッコミなのに富澤さんや山崎《やまざき》（弘也《ひろなり》）さんに負けじと自分もウケを狙いにいくんですよ。

漫才でもコントでも、それが見事にハマっている。あの短い時間でよくできますよね。芸人としての反射神経が違うのだと思います。これぞ芸だなと惚《ほ》れ惚《ぼ》れします。ボケだけでなくツッコミもおもしろいコンビは、言ったら四輪駆動車みたいなもんですからね。ともにネタを駆動する力を持っている。そりゃ、強いですよ。

そこへ行くと、今、キングオブコントでよく見かける芝居系コントのツッコミは芝居の中の役に徹しているように見えます。このキャラクターはそこまで追っかけてツッコんだりはしないんじゃないか？　そこまでツッコむと役から離れ素の自分が出過ぎてしまうんじゃないか？　とか。芝居の世界を壊さないように気を配っていますよね。

一度、テレビの企画で千鳥のノブさんにシリアスなお芝居の演技指導をしたことがあるんです。そのとき、ノブさんはお客さんの存在を意識してしまうせいか、つい余計なサービスワードを入れてしまうんです。あれは漫才師の性《さが》なのかもしれませんね。伊達さんや柴田さんと同じ匂いがしたものです。

逆に、僕はそれができないんですよね。役のリアルさばかりを追求してきたので。サービスワードを言ってお客さんに喜んでもらえる自信もない。役に入っていないと、おもしろいことが言えないんです。だから胸を張って芸人と名乗れないのかな。

Q11 ニューヨークのコントを松本さんが「漫才でもできる」と評した理由は？

普段の僕は、何でもないところで場を盛り上げられるようなタイプの人間ではないんですよ。その点においては素人以下だと思います。

座持ちがいい悪いって運動神経みたいなものじゃないですか。そこの鈍さが自分でわかるんですよ。たとえばトークの場でＭＣに「ド真ん中に投げて来い」というサインを出されたとします。投げる前は、そこそこ自信はあるんです。ところが、いざ投げるとナチュラルにカーブして構えたミットから大きく外れてしまう。

こんな人間が堂々と芸人を名乗れるはずがないんです。ネタだけはちゃんと作っているので芸人と言ってもいいのかもしれません。でも、芸人はやはり当意即妙なトークや気の利いたリアクションもできるのが本来の姿だと思うんですよね。

僕の中には、いちおうコントとはこうあるべきだという自分なりのルールのようなものがあります。でも、コントの目的は人を笑わせることなわけですから、笑えるのであれば何でもありだとも言えるわけです。サンドウィッチマンさんのように、ツッコミの伊達さんが役から逸脱してツッコむスタイルだって間違いなくコントですよ。だって、おもしろいんだもん。

現実にいそうもない人、現実にはありえない状況であっても、お笑いなんだから、そこはああだこうだ小難しいことは言わずに楽しめばいいんです。

ただ、様々なお笑いの賞レースがある中で、キングオブコントのようにコントに特化したコンテストにおいては、東京03さんのように人間の本質をおかしがるような、奥行きのあるネタが高い評価を受けたというのも事実なんですよね。

二〇二一年のキングオブコント決勝でニューヨークのネタ『ウェディングプランナー』に対し、審査員の松本さんが漫才でもできると評したということに関してですが。

あのネタは、ボケ役の嶋佐《しまさ》（和也《かずや》）君が少しボケボケし過ぎたのかもしれませんね。ウェディングプランナーが延々とバカなことをするというネタで、それはそれでおもしろかったのですが、その手の大喜利的な笑いは漫才の方が伝わりやすいんじゃないか、ということだったのだと思います。

それとは対照的に同じ年、一本目で一位になった空気階段のネタ『SMクラブ火災』は審査員のうちの一人、かまいたちの山内《やまうち》（健司《けんじ》）さんが「映画一本観たぐらいの充実感」だとベタ褒めしていました。

キングオブコントの決勝レベルにもなると、観る側はそれくらいスケール感のあるものを期待しているのだと思います。五分で二時間の映画に匹敵するものを見せてくれ、と。

もちろん賞レースで勝つことだけがすべてではないので、みんながみんなそっちを目指す必要はありません。ただ、現在のキングオブコントにおけるトレンドを分析すると、大喜利的なボケを並べたコントは得策ではないことは確かだと思います。

大喜利的な要素が強いコントって、柔道にたとえるなら「投げるぞ！」と宣言してから投げにいっているようなものなんです。お客さんも審査員も技をかけてくるなとわかったら身構えますよね。その状態でどんなにおもしろいことを言っても、なかなか爆笑は引き出せません。

賞レースの決勝ともなると、ただでさえ観客の中では「どうやって笑わせてくれるんだろう」「簡単には投げられないぞ」という心理が働いています。そういう条件下で戦うときは、丁寧に登場人物のキャラを提示していき、一つの世界を構築してしまった方がはるかに勝負しやすいんです。お客さんがその世界に入ってきてくれたら、こっちのもんですから。お客さんの体は自然と前のめりになり、体勢が崩れる。そこでボケればキレイに投げられてくれます。

『旅館』の「トランプしよ！」も「女将の顔、おもしれえな！」も、『コンビニ強盗』の「しろよ！」も、まさにそんな投げ方でした。観覧席に座っていた僕も、投げられた後、気持ちよくて仕方なかったですから。

国内最高峰のコントステージにおいて、お客さんは何を欲しているのか。ただ、笑いたいだけでなく、酔わせても欲しいのだと思います。ネタの緻密さと、芸人の技量で。

シーン2

#「かもめんたる誕生」

Q12

う大さんが笑いに興味を持った「はじめの一歩」を教えてください

僕のYouTubeチャンネル「う大脳」に千原ジュニアさんがゲスト出演してくれたことがあります。そのときに「お笑いに目覚めたきっかけは?」と聞かれて、中学生のときの跳び箱の授業の話をしたんです。もし興味がある方は、YouTubeでご覧になってみてください。でも本当は、もっと小さい頃の話をしたかったんですよね。

幼稚園に通っていた頃の話なんですけれども、今も家の中の光景をはっきりと覚えているんです。その家に住んでいたのは幼稚園の年中までだったので、四歳ぐらいのことだったと思います。

当時、大きな紙パックのジュースで、注ぎ口のついていないボディーそのまんまみたいな製品があったんですよ。今の牛乳パックとかは上部が三角屋根のようになっていますよね。でも、そこが真っ平なんです。一リットルぐらい入っていたと思います。その上部に箸《はし》などを突き刺し、穴を開けて飲むんです。いろいろな種類のフルーツジュースがあったのですが、リンゴジュースをコップに注ぐとき、ちょうどおしっこみたいに見えるんです。

その頃、僕がトイレでおしっこをするとき、母親が合図のつもりなのか、いつも「シー、トトトトトト」って言ってくれていたんです。なので、リンゴジュースを注いでくれているとき、絶対にウケると思って僕が「シー、トトトトトト」と言ったら、母親にめちゃくちゃ怒られたんです。食べ物でふざけないの！　みたいな感じで。子ども心にそこまで怒らなくてもいいのにと思ったのですが。

いずれにせよ、今にして思うと、人を笑わせたいという欲求は、あの頃にはもう芽生えていたんでしょうね。

もう一つ、幼稚園の頃のことで鮮明に覚えていることがあるんです。それは今の僕の価値観につながっている気がします。

近所に小学校一、二年生くらいのお兄ちゃんがいまして。その子の家に遊びに行ったとき、昼間、一緒にお風呂に入ったことがあるんです。おそらく一緒に遊んでいて、すごく汗をかいたので、お風呂に入っていきなさい、みたいな感じになったのだと思います。

その家は、すごく貧しかったんです。嚙《か》んだガムをねんど替わりにして遊んでいたくらいですから。風呂場もものすごく汚かった。なのに、そのお兄ちゃんは僕に「へそのゴマを全部取らないと湯船に入っちゃダメだ」って言うんです。洗い場でへその中を洗っても

「まだ残ってる」って言われて、また洗い直して。

なんだ、このくだらないルールはと思いました。幼心にも、いつもは絶対そんなことしてないだろうと思ったんです。だって、こんなに風呂汚いじゃないか、って。ただ、それを言葉にする力はまだなくて。

当時はもちろんそんなボキャブラリーはなかったんですけど、「なんだこの悪政は！」みたいに感じていたんですよ。「世の中は、なんて理不尽なんだ！」と。でも、力の使い方を知らない人間がにわかに力を握ったときの愚かさみたいなものを、腹を立てつつ、どこかでおもしろいとも感じていたんでしょうね。だから、今もはっきり覚えているのだと思います。

Q13 高校はオーストラリアに留学していたんですよね

今もそうなんですけれども、小さい頃から、おもしろいことを常に言って周りのみんなを笑わせるようなタイプではありませんでした。ひょうきん者というよりは、寡黙なタイプでしたね。

ただ、こんなことはありました。小学一年生のとき、先生がいちばん前の席に座っていた僕のことを軽く注意したんです。そして、僕が何か言葉を返したら笑いが起きた。全員が大笑いしたみたいな感じではなく、半分ぐらいの生徒が笑ったという程度のことだったと思います。

あれが「フリ↓ボケ」の原体験なんじゃないかな。先生の注意はフリっていうほど明確なパスではなかったと思うんですけど、人から何かを言われて、それにちょっとおもしろく応じると笑いが起きるという仕組みがなんとなくわかったんです。

それからというもの、あんな感じでまたみんなに笑って欲しいなと心のどこかで常に考えていました。なので、わざと先生に注意されるようなことをしては、自分なりにおもしろいリアクションをとっていました。ただ、その頃から、わかりやすいボケではなく、わかる人にはわかるみたいなボケを言っていた記憶があります。ちょっとマニアックなことを言って笑わせたいと思っていたんですよね。

僕の経歴はちょっと珍しくて、中学三年生の途中でオーストラリアに引っ越しているんです。親の意向でした。子どもたちにとっていい経験になるだろうと。もともと父の中に一度は海外で生活してみたいという夢もあったようです。

オーストラリアといってもメルボルンやシドニーといった大都市ではなく、西オーストラリア州のパースという田舎町でした。二百万人を擁する都市圏ではあったものの、日本のように都市から都市へと容易に移動できるわけでもなく、街を離れたら本当に自然以外は何もないところです。東京で生まれ育った僕からしてみると、ちょっと退屈なところでした。

最初の数か月は語学学校へ通って、そこから現地の高校を受験しました。一つ上の学年には一人だけ日本人がいましたけど、僕の学年にはいませんでした。男子校で、授業はすべて英語。友だちはアジア人ばかりでした。同じように留学していたインドネシア人とか、タイ人とか、韓国人とか。

僕が入ったときはすでにアジアングループみたいなものがあって、彼らが日本人の僕のことを囲ってくるんですよ。仲間が増えたぞ、みたいな感じで。みんなとてもフレンドリーで、すぐに仲よくなりました。ただ、そういう環境だったので、オーストラリア人の友だちはほとんどできませんでしたね。

友だちとの会話も、もちろん英語です。日常会話ぐらいはできましたけど、心の機微というか、微妙な感情とかを伝えることまではできなくて、そのことがすごくもどかしかったんですよね。ニュアンスの違いを突くボケとかがぜんぜん言えなくて。日本語でボケたくて仕方なかったのをよく覚えています。

Q14 早稲田大学の看板学部、政治経済学部に合格しているんですよね

オーストラリアに住んでいた頃、よく利用していた日本食店が日本で録画した「ダウンタウンのごっつええ感じ」のビデオを貸し出していたんです。もちろん、無許可で。それをレンタルして、貪《むさぼ》るように観ていました。裏ビデオかと思えるくらい画質は悪かったんですけど。でも当時の僕からしてみれば、そのビデオテープは宝物のように輝いて見えました。あの頃は、日本のお笑いに本当に飢えていましたから。

オーストラリア時代は、僕の人生でいちばんしんどい時期でした。男子校だったので、女の子と触れ合う機会もなかったですし。オーストラリアの空はこんなに青く輝いているのに、なぜ俺の心はこんなにも鬱々《うつうつ》としているんだろうといつも思っていました。

そんな鬱屈した生活の中で、ちょっとした自慢があるとしたらヒース・レジャーと同級生だったことでしょうか。

ある日の放課後、キャンパス内を歩いていたら、彼が坂道を駆け上がって来たことがあったんです。クリケットのユニフォームを着ていて、彼の周りを落ち葉が舞っていた。うわあ、この人カッコいいな、モデルになればいいのにと思いました。そのとき、すでにただならぬ雰囲気をまとっていましたから。

そうしたら数年後、ハリウッドの大スターになっていたんです。映画『ダークナイト』(原作は漫画『バットマン』)でジョーカー役を怪演した、あの天才役者ですよ。

あっちの高校は日本と違ってクラスみたいなものはないんです。なので、ただ同学年だったというだけで言葉を交わしたことはないんですけれども、自分の目に狂いはなかった、そう思いましたね。ただ、彼は、二十八歳で非業の死を遂げてしまうんですよね……。

オーストラリアでは満たされない日々を送っていたものの、自暴自棄になるようなことはありませんでした。日本の大学の帰国子女枠は、現地の高校時代の成績なども考慮されます。なので、ここは何とか踏ん張って、せめて日本に帰ってからいい大学に入ろうと思っていました。

ただ、もう一つ、思い描いていた道がありました。帰国したら大学に進学せずに、すぐにNSC(吉本《よしもと》の芸人養成所)に入ろうかとも思っていたんです。というのも、その頃の僕はすでに芸人になりたいという意識がハッキリ芽生えていて、焦ってもいたんです。日本のお笑いの情報僻地《へきち》にいたこともあり、これから芸人になろうとしている同世代の人たちからだいぶ後れをとっているな、と。

でも、そっちのルートは、母親の大反対に遭いました。「親が大学に行かせてやると言ってるのに行かないのは、単なる逃げ。大学に入ったら好きにしていいから」と説得されました。確かに、いきなりNSCに入るのはリスキーかなとも思ったんです。お笑いの才能があるかどうかもわからないですし。なので、やはり大学進学の道を選ぶことにしました。

帰国子女枠って受験に有利だと思われがちじゃないですか。でも、帰国子女の親ってエリートで教育熱心な人が多いんです。それだけに、子どももみんな優秀。その中での競争になるので、なかなか大変なんです。帰国後は予備校の帰国子女クラスで勉強に励みました。そのお陰もあって、幸いにも早稲田大学の政治経済学部政治学科に入学することができました。

大学に入ってからというもの、両親は僕のやることに対して実際に何も言いませんでした。そこは約束した通りでした。改めて芸人になると言ったときも、まったく反対されませんでしたね。普通の社会人になる方が無理だと思っていたみたいです。ただ、芸人になってからは、いろいろと口出ししてくるんですけどね。「あんなネタをテレビでやるな」とか。

僕にとって、オーストラリア留学って何の意味があったんでしょうね。ときどき考えちゃうんですよ。英語を活かした仕事をしているわけではないですし。

ただ、これだけは言えるんじゃないかな。オーストラリア時代、言葉で苦しんだ経験があったからこそ、ネイティブの日本語表現においては妥協したくない。異様なほど、言葉に執着してしまうのかもしれません。だって、こんなに自由に繰ることができる言葉で勝負できるわけですから。一言一句、おろそかにしたくはないんです。

Q15 早大のコントグループWAGEは、学生お笑いサークルの名門だと言われますが

大学の入学式前日、深夜番組を観ていたら、たまたま早稲田のWAGE（ワゲ）というお笑いサークルのハイデハイデというコンビが出ていました。そのとき初めてそんなサー

クルがあることを知りました。

そして、入学式の日、キャンパスで偶然にもＷＡＧＥの人に声をかけられまして。新入生を勧誘していたんです。森《もり》ハヤシさんという先輩でした。現在、脚本家としてバリバリ活躍している方でもあります。

渡されたチラシを見て、あ、ＷＡＧＥだ、と。「昨日、テレビで観ました」と言ったら、すっごく喜んでくれて。チラシに新歓ライブの日程が書かれていたので、後日、それを観に行ったんです。

とても小さな質素な空間でした。客席は座布団が敷いてあるだけ。お客さんは三十人ぐらいだったかな。舞台もステージみたいに高くなっているわけでもなく、照明も二つぐらいしか点《つ》いていなかった。でも、あそこで過ごした時間は本当に特別なものでした。

生まれて初めてお笑いライブを観たのですが、すごく新鮮で、めちゃめちゃおもしろかったんですよ。お笑いって、生で観るとこんなにすごいんだと思いました。ほとんどがコントでしたね。少しだけ漫才をやっている人たちもいたかな。あの日、心の底から「俺もお笑いをやってみたい！」って思ったんですよ。

その一か月後ぐらいにさっそく新入生のライブがあったんです。そこで僕も生まれて初めてコントをやって、ウケたり、スベったりしました。ライブ前、当時のWAGEのエース的存在だった井手比左士《いでひさし》さん（現TBSディレクター）に「う大は新入生の中でいちばん才能があるから、自信を持ってやってこい」と言われて。有頂天でしたね。社交辞令だったのかもしれませんけど、すっかりその気になって、そこからさらに前のめりになっていきました。

ただ、この頃から賞レースは苦手でした。大学生を対象としたお笑いコンテストみたいなものがあるのですが、そういうところではまったく評価されませんでしたね。

コンテストで上位に入った人たちのネタって、どこかで観たことがあるようなネタばっかりなんですよ。なので不貞腐《ふてくさ》れていました。どこがおもしろいんだ、と。今になって考えればわかるんですよ。定石通りのネタの方がお客さんは笑いやすいですから。でも、人と同じことをやって、いったい何の意味があるのだろうと思っていました。そのあたりの傾向は今も変わっていないかもしれません。つい最近も、「キングオブコントの会2023」で『亀教』というあやしげなネタを披露して、界隈《かいわい》を大いにザワつかせましたからね。

ただ、周囲の評価を得られないからといって悲観していたわけではありません。僕がこれまで取り組んできたスポーツや勉強に比べると、お笑いは、どうやら自分に向いていそうだぞという感覚は持っていたので。

WAGEはものすごく優秀な人たちの集団で、とても魅力的な場所でした。とはいえ所詮、学生サークルなので物足りなさもありました。途中、明確にプロの芸人になることを意識し始めてからは、ここにずっといてはいけないという焦りもあって大学三年生のときにNSCに入学しました。

NSCでは佐藤大《さとうだい》君（現在は大という芸名で、お笑いトリオ・グランジを組む）と「ツユクサ」というコンビを組み、コントをやっていました。最初のネタ見せのときは、かなりウケたんです。そこで手応《てごた》えを感じ、次からはもっと自分たちの色を出していきました。ところが、自分たちのオリジナリティーを発揮すればするほど、どんどんウケなくなってしまったんです。

このトンネルの先にきっと出口があるはずだと僕は信じていたのですが、周りの人はそうは見てくれないんですよね。評価は急降下し、必然的にコンビ間の空気もギクシャクとしたものになっていきました。

思い返すと、NSC時代もいろいろありましたね。決して順風満帆とはいえませんでした。でも、あれはあれで青春だったな。オーストラリアにいた頃は、自分が全力でぶつかれる対象が何もなかった。そこへ行くと、大学時代は末端とはいえ、自分が好きなお笑いの世界にようやく入れたわけです。何度となく壁にはぶつかりましたけど、ぶつかれるものがあっただけ幸せだったなと思いますね。

Q16 元WAGEの小島よしおさんが大ブレイクしたとき、嫉妬しませんでしたか?

NSC在学中は、WAGEの活動には参加していませんでした。大君とのコンビのことで頭がいっぱいだったので。

ただ、WAGEにはもともと力があったんですよね。僕がNSCを卒業する頃、芸能プロダクションのアミューズが主催している大学生向けのお笑いコンテストで結果を出し、アミューズからプロデビューすることになっちゃったんです。そのタイミングで僕にも、もう一度、力を貸して欲しいと声がかかりました。

ちょうどその頃、大君とのコンビもうまくいっていなかったので僕自身はチャンスだと思いました。そこで彼には「俺は集団コントが好きで、こういう話があるんだけど、よかったら一緒にそっち行かない？」と呼びかけたんです。でも、大君は吉本に残りたいということだったので、そこから別々の道を歩むことになりました。

デビューの話が持ち上がってから実際にデビューするまでは一年ちょっとぐらいかかったかな。紆余《うよ》曲折を経て、WAGEは最終的に五人組でスタートすることになりました。

WAGEという名称はもともとはサークル名だったんですけど、馴染《なじ》みもあったのでそのままグループ名に採用しました。

ところが、ここからが辛《つら》かったんです。芸人になってからということで言えば、いちばんストレスフルな時代でしたね。

WAGEのネタは僕と、もう一人、リーダーの森ハヤシさんが書いていたのですが、マネージャーは森さんのネタの方を評価していました。森さんのネタは五人という人数をうまく活かしたシステマチックなものが多かったんです。早稲田大学出身の五人組ということもあり、スマートで知的なネタを中心にやっていこうという戦略でもありました。

一方、僕のネタは、気持ち悪いし、何がおもしろいかわからない、という感じの扱いでした。僕はもっと狂気じみた人物が登場するマニアックで、グロテスクなコントをやりたかったんですよ。マネージャーの言いたいことはわかるんですよ。確かに早稲田大学出身の五人組がかもめんたるがやってるようなグロテスクなコントやっても絶対に売れないと思います。怖過ぎますもん。でも、やりたいコントができず、自分の持ち味に蓋《ふた》をされているようですごいストレスだったんです。

ＷＡＧＥはデビューしてからしばらくは五人組という目新しさもあって、そこそこの注目を集めていました。しかし、次第に需要も評価も頭打ちになります。

芸人の世界って売れていない芸人に対して決まってこう言うんです。「売れたら好きなことできるから」と。芸人はその言葉を信じ、客に媚《こ》びたようなネタを作ったりする。でも、そんなことをしてもおもしろくないし、嫌々やっているようなネタで人を心の底から笑わせられるわけがないんですよ。完全な悪循環です。

好きなこともできないし、売れもしない。そんな状況に僕は耐えられなくなり、ある日、解散したいと打ち明けます。最初はメンバーとマネージャーの両方から反対されて、思いとどまりました。ところが状況は悪くなるばかりで、事務所もＷＡＧＥの将来を悲観し始めます。

僕が解散を切り出してからちょうど一年ぐらい経った頃でしたかね、マネージャーが「おまえらにう大の人生を縛る権利はあるのか?」とか言い始めて。マネージャーの豹変ぶりに釈然としない思いもありつつ、でも、解散するならこのタイミングしかないと僕もその流れに乗っかりました。

WAGEは結局、二〇〇一年から二〇〇六年まで五年くらい活動して解散することになりました。解散の原因は明らかに僕でした。

でも、解散して本当によかったんですよ。森さんは今では一流の脚本家として活躍していますし、メンバーのうちの一人、手賀沼《てがぬま》ジュンはミュージシャンになって、二〇一四年の「歌ネタ王決定戦」（毎日放送）で優勝もしています。そして、後輩の小島《こじま》よしおはピン芸人として「そんなの関係ねぇ！」で大ブレイクしました。

小島のブレイクに関しては驚きもあったし、不思議な感覚にもなっていました。というのも、WAGE時代、小島はメンバーの中でまったく評価されていなかったんです。マネージャーには「WAGEのお荷物」とまで言われて。ちょっとかわいそうだったんです。

だから、ぜんぜんバカにした意味ではなく、こいつがブレイクするのか、と。社会現象と言ってもいいほどの売れ方でしたからね。一日署長とかまでやったりして。

解散後、いちばん心配していたのは小島のことだったんです。なので、いいなという羨《うらや》ましさもありましたけど、同時によかったなという思いもありました。

当初の予定では解散のほとぼりが冷めたら、僕と槙尾と小島でトリオを組むつもりでいたんです。WAGE時代も、その三人で僕が好きな系統のコントをやったりしていたので。でも、小島は小島で恐ろしいほどに一人立ちしたので、二〇〇七年、僕と槙尾でコンビを結成しました。槙尾はもともと役者志望だったので方向性は重なる部分があったんです。仲もよかったですし。

結成当時は「劇団イワサキマキヲ」というコンビ名でした。槙尾が「オ」を「ヲ」にしたいと主張したのでそこは彼の意見を尊重しました。ところが、なかなか周りが正確に表記してくれず、気づいたら「劇団イワサキマキオ」に落ち着いていましたね。

ただ、このコンビ名だと、オーディションなどで劇団所属の二人組だと勘違いされてしまうんですよ。間違った印象を与えかねないというアドバイスを受けて、二〇〇九年、コンビ名を今のかもめんたるに変更したんです。

それも僕らの運命だったのでしょう、コンビを組んだ翌年、二〇〇八年にキングオブコントが始まったんですよね。正直なところ、嬉しいというよりは余計なことをしてくれるなよという思いもありました。大学時代から賞レースに対するコンプレックスがものすごく大きかったんで。自分はそういう場で評価されるタイプではない、と。

そこで負けたらおもしろくないというレッテルを貼られる可能性もあるわけですよね。でも、コント師として、それだけ大きな大会ができたら出ざるをえないというのもあるじゃないですか。なので第一回大会あたりは複雑な思いのままエントリーしていましたね。最初の頃は何度挑戦しても、あっさり敗退していました。歯がゆかったですね。年明けに初詣《はつもうで》に出かけると、毎年のように「キングオブコントの決勝に行けますように」と手を合わせていたものです。

その頃、正月に親戚《しんせき》同士で集まると肩身が狭くて狭くて。もう、言葉が通じないヤツみたいな人間を演じていました。誰とも話したくないので。周りからしたら、まるで化け物のように映っていたと思います。正月にテレビでネタ番組をやるの、本当にやめて欲しかったなぁ。正月の親戚の集まりほど自分が売れてないということを突き付けられる瞬間はなかったですね。

それだけに、二〇一二年に初めて決勝に進めたときは、本当に嬉しかったな。お笑いをやっていて近しい人以外に初めて認められた瞬間でしたから。

キングオブコントなどのテレビで放映されるコンテストではネタに入る前、「煽《あお》りV」と呼ばれる紹介VTRが流れます。僕らの出番のとき、映像の中で小島がコメントをくれていたんですよ。あれには感激したな。現場で小島の顔を見たとき、「ああ、小島だぁ」って肩の力がすっと抜けたんですよ。

Q17 かもめんたるは、なぜコントをメインにするようになったのですか

漫才は「素の自分」でしゃべらなければならないという固定観念がありました。長い間、そこに苦手意識を持っていました。コントなら役を与えられた人物がしゃべっているんだとすんなり理解できるんですけどね。

漫才は原則、自己紹介をしてからネタに入りますよね。「どーもー、かもめんたるです」と。つまり、舞台上では、常に「かもめんたるの岩崎う大」でいなければならない。一方、コントの場合は最初から役に入っているので別人として舞台上に立っています。僕の中では、この違いがとても大きかった。

お客さんに「岩崎う大でしょ?」って思われているということは、年齢も、性別も、経歴も、昨日の晩飯で何を食べたかについても、嘘をついてはいけないと思ってしまうんです。

でも実際は、漫才もたくさん嘘をついています。漫才師は相方の話を何度も聞いているのに毎回、いかにも初めて聞いたかのように驚いてみせたり、怒りを露《あら》わにしたりするじゃないですか。

コントもそうだろと思われるかもしれませんが、コントの場合は、物語の中の登場人物なのでいいんですよ。一つのできあがった作品があって、再生ボタンを押されたから同じ内容を演じている、というような感覚なので。

コントは「これから嘘をつきます」と宣言してから、架空の話を演じているわけです。嘘だということが大前提なので迷いがない。気が楽なんです。一方、漫才は「本当の話をしますね」と言っているにもかかわらず、見せているものは嘘なわけです。

この違い、わかりますかね？　コント師と漫才師は、種類の違う嘘つきだと言っていいのかもしれません。僕の中では漫才師の嘘の方が高度なんです。嘘がバレないよう気にしながらネタを演じている感覚なので。

漫才中、どこかで自分を俯瞰《ふかん》しつつ、「普段の俺、こんな感じであってるよな？」と確認しながらしゃべってしまうときがあるんです。そのせいか、素の自分っぽく驚いたり怒ったりしようとすればするほど白々しくなってしまう。だったら、いっそのこと思いっきり芝居をしてやれと開き直ろうとしたこともあるのですが、それでは漫才じゃなくなってしまうではないかとブレーキがかかる。どちらにせよ、そんな状態ではお客さんを引き付けられないですよね。

漫才師の中には、逆にコントが苦手だという人もいるんですよね。お芝居ができないから、と。聞いてみないとわからないですけど、うまいなと思う漫才師たちって、漫才中も「演じている」という意識がないように見えるんですよね。僕は、それが理解できない。演じるという感覚なしに毎回、知らない振りができるということが。もちろん、漫才師の中にはコントで他人になり切れることの方が信じられないという人もいるんでしょうね。そっちの嘘の方がよっぽど高度だろ、って。

アフリカ系の子どもたちって小さい頃から踊ったり、歌ったりがとてもうまいじゃないですか。もう、リズム感が染み付いている。漫才もあれに似たものを感じるんですよね。漫才を身近に感じられる環境で育った人間ほど漫才の中にある嘘をうまく消化し、自然に見せることができる。

ときどき絶対音感みたいな感じで「絶対漫才感」みたいな言い方を耳にするじゃないですか。超一流の漫才師たちは、それを持っているということなのかな。

Q18 M─1決勝で見せたジャルジャルの漫才にはコント師の葛藤があったのでしょうか

僕がすんなりと漫才の世界に入れないのは生まれ育った環境にも原因があるのだと思います。そもそも僕は一九七八年、東京都保谷《ほうや》市（現西東京市）で生まれています。多摩《たま》エリアと呼ばれる地域で、北は埼玉県に接しています。

その年代に東京圏で生活していたら、漫才に触れる機会はほとんどと言っていいほどありません。僕は二〇〇〇年にNSCに入学しているのですが、M－1がスタートする前の年のことで、その頃の東京はNSCでさえ漫才をしている人たちはほとんどいませんでした。いたとしても関西出身の人たちでしたね。

今でこそM－1によって漫才はお笑いの真ん中にありますが、当時は昔のものという印象さえありました。

たまにテレビ等で漫才を観る機会があっても、漫才の楽しみ方がわかっていませんでした。何の打ち合わせもなく、今、ここで初めてしゃべっていますという体で話をしているけれど、「嘘でしょ、それ」って。心の中でツッコんでしまうのです。僕はだまされませんよ、と。

なのでジャルジャルさんが二〇一〇年、M-1ファイナルに初出場したときにやったネタにものすごく共感を覚えました。

二人はコンビニの店員と客という、漫才でありがちな設定を意図的に選んで漫才の大前提を逆手に取るようなネタを披露したのです。

たとえば、こんなやりとりを挟んでいました。

福徳「ツッコミ早いわ。ボケ言い切る前にツッコんでるから」
後藤「あー、知ってるからなー。何言うか知ってるから」
福徳「それ絶対、言うたらあかんやん」
後藤「あんだけ練習したから。練習の成果やん」

この後、福徳《ふくとく》（秀介《しゅうすけ》）さんは「初めて聞いた感じでやるのが漫才やろ」と後藤《ごとう》（淳平《じゅんぺい》）さんを説き伏せます。すると、次のシーンで、ツッコミの後藤さんは「えっ……?」と本気で驚いた芝居をし始めるんです。そして「リアル過ぎるねん」「初めて聞いた感じでやったやん」と続くんですけど、漫才の中にある嘘を見事にイジったネタでしたね。

断っておきますけど、舞台芸術等のエンターテインメントの世界においては「嘘＝悪」ではありません。むしろ、本質です。そもそもがフィクションなのですから。ただ、悪い嘘もあります。それは下手な嘘です。嘘と感じさせてしまう嘘は何の役にも立ちません。

ジャルジャルさんのネタは審査員の松本さんも指摘していましたが、あれはどちらかというと漫才というよりはコントでしたよね。ジャルジャルさんが演じたコント『漫才師』。だから、漫才のコンテストであるM－1ではさほど高い評価を得られなかったのだと思います。

僕の中には昔から漫才は人を楽しむ芸、コントはネタを楽しむ芸という棲み分けがあったような気がします。

漫才というエンターテインメントはネタがどうこうというより、その芸人自体を好きになるものだという感覚があったんです。極端な話、その人が話すネタならなんだっていい。なんだっておもしろがれちゃう。

学生時代、僕は松本さんに心酔していたので、松本さんの考えていることは何でも知りたかった。だから、レンタルビデオ屋さんに通ってダウンタウンさんの漫才も片っ端から観ました。ところが、その他のコンビの漫才になると、知らない人の、しかも本当の振りをした嘘の話に何でわざわざ付き合わなきゃいけないんだろうと思ってしまったんです。野暮でしたね。

今は、そうした変な先入観はすっかりなくなりました。知らない人のネタでもゲラゲラ笑っていることがあります。

そう、聞く側にいるだけなら、漫才に対して、もう何の引っかかりもないんです。ところが漫才をやる側に回ると、また漫才への違和感が頭をもたげてきちゃうんです。思い切りできていない気がする。どこかで誤解されることを恐れているのかな。

プレーヤーの立場からすると、コントって安心してできるんです。暴言を吐いても、突飛な行動をとっても、お客さんは役柄上の言動だと理解してくれるじゃないですか。でも漫才だと、こんなことを言って、本当にそういう人間だと勘違いされたらどうしようって思ってしまうんですよ。

僕は自分が誤解されることに対して異常なほどの恐怖心があるんです。本当におかしい部分はいいんですよ。変なところもあるので。でも、見当違いな誤解は招きたくない。他人から「この人、マジで頭おかしいんじゃない？」って疑われたくないんです。漫才でも「キモっ」みたいなネタが好きだから余計にびくびくしちゃうのかな。あれが本当の僕だと思われたらどうしよう、って。

それもあって、漫才をやるときの心のポジションがなかなか定まらないのだと思います。

Q19 コントよりも漫才でスベる方が傷つくというのは本当ですか？

僕はフリートークも苦手なんですよね。フリートークの方が漫才よりさらに素の自分でしゃべるという縛りがきつくなるじゃないですか。漫才はまだネタ自体は嘘でもいいという暗黙の了解がありますけど、フリートークは話の内容もリアルじゃないとダメなわけですよね。

素の自分で、本当のエピソードを話して、他人を楽しませるって……。想像するだけで恐ろしくてたまりません。

ここまで話に付き合ってくれた方なら、もう察しがつくかと思います。僕は素の状態で、人前に立って話をすることがとにかく苦手なんです。もっと言えば、とてつもなく怖い。

だってフリートークでスベったら「本当はおもしろくない人なのね」という決定的な烙《らく》印《いん》を押されかねないじゃないですか。

フリートークも決して何から何まで「非加工」なわけではありません。実際は、事前に話の内容も練られていて、漫才のネタに近かったりすることもあるんです。でも僕からすると、それは超上級者向けの漫才のようなものです。とてもできる自信がない。

漫才は原則、客席と正対しています。なので、ウケると真正面から笑いを浴びられて気持ちがいいんです。けど、そのぶん、スベったときのダメージも大きい。真正面から冷たい視線を浴び続けることになりますから。漫才もフリートークほどではないのでしょうけど、スベると「あ、この人つまんないのね」と思われている感じがひしひしと伝わってきます。

そこへ行くと、コントは芸人にやさしいところがあります。スベったらショックはショックですけど、自分を否定されたという感覚にまではなりません。自分ではなくネタが否定されただけだという逃げ道がありますから。

スベったときの対処法もコントはシンプルです。コントの場合はそうするしかないのですが、ネタ再生マシーンと化せばいいんです。無になって演じ続ける。そうすればメンタルは安定します。

一方、漫才でスベったときは判断は割れるでしょうね。そのまま行くか、フォローするか。漫才は脱線しても不自然ではありません。なのでスベったことをネタにした方がいいかなとか、つい善後策を考えてしまう。リカバリーできる芸人にとっては、漫才はそこが強みになる。でもできない芸人にとっては、余計なことを考え過ぎてパフォーマンスが下がってしまう。そこが厄介なんです。

大雑把な定義になりますけど、漫才って、ボケとツッコミという笑いを起こすもっとも原始的なシステムを背負《しょ》って、マイクの前に立ち、おもしろい人がおもしろいことを言う芸なんです。

二〇二一年のM-1で優勝した錦鯉さんのボケ役、長谷川雅紀さんなんて、格好といい、表情といい、振る舞いといい、もう、いかにもおもしろそうな人じゃないですか。その人が漫才中、合コンに参加しているという設定で「五十歳を過ぎたら体の（中で）痛くなる場所」というお題の古今東西に参加し、「ひーざ！」と叫ぶ。おもしろそうな人が期待通りにおもしろいことを言ってくれる。要するに、漫才はその人自身を丸ごとさらけ出して笑わせる芸なんです。そこまでしてスベったら、誰だって傷つきますよね。

それに対してコントは、ある役を担った芸人が、その役の欲求に従って行動しているだけのことです。登場人物は笑ってもらおうなどとはつゆほども思っていない。一生懸命、ひたむきに生きているだけなんです。そういうスタンスだから、何気ない言動にユーモアが滲むんです。

たとえば、マスクをあごにずらしたのを忘れ、必死になってマスクを探しているおじさんを見たらどうですか。なんか笑っちゃいますよね。でも、それをおじさんが人を笑わせようと思って意図的にやっているのだとしたらどうですか。どこかにわざとらしさが出ていたりしたら。そこまで笑えないと思うんです。

コントは、こういう人が、こういうシチュエーションに陥って、こういう言動に走りましたという現象を紹介しているに過ぎないんです。自分の失態に気づかずマスクを探しているおじさんは、それでウケなくてもまったく傷つきません。そもそも自分が笑われることをしているなどとは思っていないわけですから。

コント中の芸人も、そこまで無心にはなれませんけど、基本的には同じ気持ちなんです。なのでスベったとしても割り切れる。今回はこの現象のおもしろさをお客さんに共感してもらえなかったんだな、って。

Q20 コントと漫才の両立は難しいですか？

コントも漫才も両方おもしろいというコンビは、そうそういません。やはり、それぞれに少なからず適性のようなものがあるのだと思います。

それこそ両方で超一流なんて、大谷翔平《おおたにしょうへい》選手のようなものじゃないですか。バケモノですよ。でも芸人の世界でも、ごく稀《まれ》に大谷選手のようなバケモノが現れるんですよね。

近年で言えば、かまいたちさんがそうだと思います。二人はコントも漫才もちゃんとおもしろい。「ちゃんとおもしろい」という言い方は変かもしれませんが、僕の中ではそういう印象があるんですよ。コントが得意な芸人はコントっぽい漫才になりがちだし、漫才が得意な芸人は漫才っぽいコントになりがちです。でも、かまいたちさんは両ジャンルでまったく違う面を見せてくれるんです。

なので、かまいたちさんを漫才師と呼んだ方がいいのか、それともコント師と呼ぶべきなのか、そこは非常に迷いますね。

個人的には漫才師としてのかまいたちさんの方がより好きです。そもそも二人は素の状態でもキャラクターが強い。漫才の方がそのキャラが存分に発揮されている気がするんですよね。ボケの山内さんは、人に嫌われようとまったく意に介さない感じをいつも漂わせています。なので「次は何を言ってくれるんだろう？」って、つい聞き入っちゃうんですよ。

ツッコミの濱家《はまいえ》（隆一《りゅういち》）さんも、漫才のときの方が乗っている感じがします。強烈な個性の山内さんに負けじとツッコむので存在感がある。濱家さんは、コントのときの方が大人しいイメージがありますよね。山内さんを意識するというよりも、役に徹している感じがします。

かまいたちさんのコントですごく印象に残っているのは、二〇一六年のキングオブコント決勝の一本目で披露した『拘束』です。シュールさとポップさ。その二つが見事に融合して、お洒落な感じさえするネタでした。彼らの中では異色のネタで、ボケとツッコミがいつもと逆なんです。

イスに縛り付けられている山内さんに対し、仮面をかぶったマント姿の濱家さんは、顔だけがストンと落ちる（ように見える）マジックを見せ続ける。そういうネタです。落ちるというより、顔が数十センチ下に下がるという説明の方がイメージしやすいかな。それが一種の拷問になっているという設定でした。

コント中、濱家さんは延々と「顔が落ちるマジック」を繰り返すばかりで一切、言葉を発しません。山内さんはそんな濱家さんに怯えつつ、「何が目的やねん！」とひたすらツッコみます。

山内さんのツッコミは、いわゆる「ボケツッコミ」というやつです。つまり、ボケのようになっているツッコミです。なので、あのコントにおいて笑いのゴールを決めるのは山内さんの役割でした。

かもめんたるのネタの中にも通常とは逆、つまり僕がツッコミ役で、槙尾がボケ役のネタがいくつかあります。そのネタも僕のボケツッコミで笑いを起こすんです。つまり、かもめんたるにおいては原則、笑いを生む方の役は僕が担当します。そこは、かまいたちさんにおける山内さんも同じで、山内さんが常に笑いを起こすポジションを担っていますよね。

関西には、コントしかやらないという芸人はほとんどいないと思います。みんな当たり前のように漫才もやる。漫才は大阪の文化ですから、土地柄、芸人を続けていく上で漫才は避けて通れないのでしょう。

キングオブコント決勝の常連でもあるロングコートダディやニッポンの社長は、コント師ならではの解釈で漫才に取り組んでいますよね。ロングコートダディが二〇二一年のM－1決勝で披露したネタは象徴的でした。漫才師の命と言ってもいいセンターマイクをほとんど使わないネタだったんですよね。結果、審査員の松本さんとオール巨人《きょじん》さんにそのことを指摘され、にわかに「センターマイク論争」が巻き起こりました。

ニッポンの社長の漫才も独特です。話芸というよりは、動きや現象で笑わせる大胆なネタが多いんですよね。

Q21 キングオブコント史上最高得点ネタ『白い靴下』は最初はウケなかったそうですね

人物を造形するとき、いちばん大事なのは、その人が何に快感を覚えるかということだと思うんです。

僕らが優勝した二〇一三年のキングオブコントで、二本目に『白い靴下』というネタを披露しました。このネタを作っているとき、そのことにはっきりと気づいたんです。なるほど、キャラクターを前面に押し出したコントってこういう風に作ればいいのだ、と。そういう意味でも、僕の中では革命的なネタでした。

僕が演じる男は典型的な奴隷キャラで、人に媚びへつらうことに快感を覚えるという性癖の持ち主なんです。

そいつは嬉々《きき》として、こんなセリフを吐きます。

「斉藤さんからは、『おまえは、プライドを持たないことをプライドにしろ』というお言葉をいただきました」

斉藤さんというのは、彼が家来のように仕えている男性のことです。奴隷キャラの男は斉藤さんの命令で、白い靴下を届けるためだけにわざわざ千葉から新宿《しんじゅく》までやってくる。斉藤さんの言いつけを守り、遂行すること。それがその男のすべてなんです。

キャラクターの行動原理が定まると、脚本作りが、すごくスムーズになるんですよね。ボケ選びが正確になる。この人物の性格上、そういうことは言わないし、そういう行動もとらないだろうな、と。それこそボケって無限にあって。ボケを考えるのはそんなに大変なことではないんです。何が難しいって、その選別なんですよ。

おもしろいやりとりでも、そのキャラクターの行動原理に反しているとウケないんです。

仮にウケたとしても無理が出てくる。その部分はいいとしても、今度は他の部分がウケなくなったりする。

　ボケ選びを誤って一個のボケがスベるくらいならまだいいんです。でも、下手をすればキャラクターそのものを殺しかねない。だからボケは厳選しなければならないんです。

　漫才の場合は、素の自分から役の中に入ったり、その逆をやったりと、そのときどきで自分の役割を変えることができますよね。配役にそぐわないボケを言ったら「いやいや、そんな店員いねえだろ。もう一回、やり直せ」と仕切り直せばいい。そこでも笑いを取れる。漫才は一つの行動原理に縛られず、多種多様のボケを入れることができます。そこが強みなんですよね。

『白い靴下』は最初の頃はなかなかウケませんでした。でも、僕の中では絶対におもしろいという確信があったので、時間をかけてブラッシュアップしていきました。二、三年かけてだいたい形になりましたが、それでも渋谷《しぶや》の小さなライブハウスのオーディションで落ちたりしたんですよね。今にして思うと、演じるときの正しいトーンがまだ定まり切ってなかったのかな。

　演技力を発揮するための絶対条件は二つあるんです。まずは、脚本がキャラクターの行動原理に基づいて書かれていること。そして二つ目は、演じる人がその行動原理を理解していること。そうすれば、このボケはこれくらいの力加減でいいよなとか、ここは感情を表に出し過ぎない方がいいなとか、自《おの》ずと演じ方のトーンが決まってくるんです。『白い靴下』は一つ目の条件はクリアしていたんですけど、二つ目がまだ自分の中で不完全だったのかもしれません。キャラクターの行動原理をつかむ。それは、コントのための最良の指南書を手にすることと同じなんですよ。

Q22 京都の有名なお坊さんを怒らせるヤツって、いったい……

ネタは一つの強力なボケがプラスされただけで、見違えるようによくなることがあります。野球で言えば、強力な四番バッターが新加入したみたいな感じなのかな。打線の軸が決まると、あいつまで回せば勝てるみたいな雰囲気が生まれると思うんですよ。そうすると、周りの打者はそれぞれに身の丈にあった役割を見つけ、打線が文字通り線として機能し始める。

ネタも似たようなところがあるんです。四番クラスのボケができると全体的に余裕が生まれる。たとえば一、二番のボケがさほどウケなくても、大丈夫、大丈夫と。変に力まずに、つなぎに徹することができる。力が抜けるぶん、他の打順のボケもウケがよくなったりするんです。

『白い靴下』もそんな補強策が見事にハマりました。僕が演じた奴隷キャラの男は斉藤さんへの過度な忠誠心からもわかるように、とことん卑屈です。ゆえに周りの人間をイラ立たせ、ときにサディスティックにさせてしまう。

槙尾演じる斉藤さんの上司も男と会話をするうちに理性を失い、激しく怒鳴りつけてしまいます。そして、「君は人をこうさせる（イラ立たせる）何かがあるね」と弁解交じりに吐き捨てる。

そのセリフに対し、男は最初の段階では「よく言われます！」とか「お気持ちはわかります！」みたいな返答をする程度でした。それはそれでウケていたのですが、回数を重ねるうちに、ここはもっと大きなボケがハマりそうだなと思い始めたんです。

そこで、あるライブのとき、こんなボケを追加してみました。「はい。先日も、京都に行った際に、けっこう有名なお坊さんに腹を蹴《け》られました」と。そうしたら、めちゃめちゃウケたんですよ。

我ながら、どぎついボケですよね。いろんなことを想像しちゃいますもんね。「高名なお坊さんが腹を蹴るっていったい何をしたんだよ」とか、「お坊さんを慕う人がその場面を目撃してしまったら、お坊さんの黒歴史になりやしないか」とか。

このボケは単純にウケを取るだけではなく、度を越した男のヤバさを伝える機能も併せ持っています。単発的に笑わせるだけでなく、そこに観ている人の想像力が加わって笑いがさらに膨らみ、その笑いが尾を引いていく。まさに理想的なボケになりました。

このボケが四番に座ったことで、ネタの威力が三割ぐらい増しましたね。

このあと欲が出て、さらにボケをかぶせたこともあるんです。「家族連れのお父さんにフェリーの上から海に放り投げられたことがあります」とか、「神社で孫の七五三に来ていたおじいちゃんに蹴られたことがあります」とか。でも、どれもお坊さんの蹴りほどはハマりませんでしたね。

威力が増したとはいえ、『白い靴下』は非常に振り幅の大きなネタでした。ウケるときもあればウケないときもある。うっすらとした狂気という、ぼんやりしたものを伝えなければならないネタなので演じ方が難しいんです。気負うと、不気味になり過ぎてしまったり。漠然としたキャラのおもしろさで勝負するネタは伝わり損ねたら終わりなんですよね。

為《な》す術《すべ》がない。

ただ、ひとたび、そのニュアンスをお客さんがキャッチさえしてくれれば、そのぶん想像を逞しくしてくれる。受動的な笑いではなく、能動的な笑いになる。こちらが与えた情報の何倍ものおもしろさを観る人が勝手に汲《く》み取ってくれるんです。とんでもないリターンがある。

『白い靴下』は自分の出来と、その日のお客さんの相性次第で、ホームランになるか三振になるかみたいなところがありました。リターンが最大だったのは、二〇一三年のキングオブコント決勝でしたね。二本目にこのネタをかけて、九八二点という、「芸人百人審査」時代の一本の得点としては史上最高となるスコアを叩き出したのです。僕の芸人人生の中で、ダントツの特大ホームランでした。

Q23 『言葉売り』は宝くじで六億円当たったおばさんという設定が絶妙でした

二〇一三年のキングオブコント決勝の一本目に持ってきた『言葉売り』は『白い靴下』とは対照的に非常に打率の高いネタでした。

ニュアンスではなく、ネタの構造で笑わせるコントだったからです。どういうことかと言うと、あのネタは、まずは登場人物の対立構造が非常にわかりやすいんですよ。一人は、槙尾演じるお金なんていらないというアーティスト気取りの若い詩人。もう一人は、僕が演じた宝くじで六億円を当ててしまい誰かにお金をあげたくて仕方がないおばさんです。

この二人は絶対に相容《あいい》れそうもないでしょう？　お客さんもそれが瞬時に理解できる。

このおばさんは、じつは僕の母親がモデルなんです。僕が大人になってからの話なんですけど、母と街を歩いてたら小さなパン屋さんがあって、母が「小さいお店で、がんばってるわね」みたいなことを言ったんです。それがすごくおもしろくて。いやいや、大きなパン屋さんだって同じようにがんばってるだろ、と。

そのパン屋さんは、小さな構えがかわいらしかったし、店主が自分の目が届く範囲でパン作りをしたいという丁寧さの表れのようにも思えました。なのに、僕の母は「こんなに弱っちゃって……」みたいなテンションで言うわけですよ。そのうち、「何か買ってあげたいわ」みたいなことを言い出して。おそらく、パン屋さんはそんな思いで買って欲しくはないと思うんです。でもうちの母は、そんな店主の気持ちには想像が及ばない。

まさに水と油なわけですよ。片や商売の規模は質素に見えても自分の仕事にプライドと喜びを感じつつ日々を送っているだろう無名のパン屋さん。片やひとたび弱者とみなしたら相手の心情などおかまいなしに優しさを押し売りしようとする独善的なおばさん。この二人の思いって未来永劫《えいごう》、交わらないじゃないですか。なぜなら、互いに自分の方に正義があると思っているから。この対立はおもしろいなと思ったんです。あ、この感じはコントになるなと。

このおばさんに悪気がないというのがミソなんですよね。あのときの母は親切心の塊でしたから。百パー、善意だと信じ込んでいた。ゆえにたちが悪いんですけど、おもしろいんですよ。人間って往々にしてそうだよな、って。

ただ、この状況をそのままコントにしようとしても小さなパン屋さんの佇《たたず》まいだとかを舞台上で正確に再現するのはさすがに難しい。なので、もっとわかりやすく、かつ社会的に弱者とみなしやすい立場の人を考えました。

ここで、間違ってもリアルな社会的弱者、たとえばホームレスや生活保護を受けている人を登場させてはいけません。ブラックなネタになってしまいます。また、施しを拒否する立場としても説得力がないですよね。好意に甘えればいいのにと思われかねない。お客さんが共感できるような行動原理が見当たらないじゃないですか。

施しを拒否する側の人間は、金を持っている側の人間に罵《ののし》られる役でもあったので、それくらい言われてもしょうがないヤツがいい。あんな風に言われてかわいそうだなと思われたら笑いが起きなくなっちゃうので。言う方も言う方だけど、言われる方も言われる方だよなと思ってもらわないと。

ドラマや映画でも仇《かたき》役はとことん悪く書くでしょう。あれは仇役が痛めつけられているときに、観ている人に「かわいそう」という感情を抱かせないためなんです。成敗する側に気兼ねなく肩入れしてもらうためにも、やられる方はやられてしかるべきキャラクター像を築く必要があるんです。

そこで思いついたのが、アーティスト気取りの路上詩人です。「明日、笑顔になあれ」みたいな能天気な幸福ワードを色紙にでかでかと書いて、路上で売っている人です。一見、不遇に見えるんだけど、そこには独りよがりな美学があって、自ら選んでその立場にいる。もっと言えば、その状況に少し酔っていたりもする。それらの点において、これ以上ないチョイスだと思いました。

施しを与える側の役は、会社の社長とかだとハマらないんです。本当の成功者だと隙がなさ過ぎて、言葉に説得力が出てきてしまう。施す側が金持ちな上に有能な人物となると、対立関係ではなく服従関係になってしまうじゃないですか。なので、善意の押し売りをする側は自分の能力とは関係なく偶然、大金を手にしてしまった人にしようと考えました。そうすれば両者の天秤が釣り合う。そこで思いついたのが、宝くじで大当たりしたおばさんだったんです。

Q24 う大さんはよく「保険が効いている」という言い方をしますよね

自分で言うのもなんですが、『言葉売り』は脚本がものすごくしっかりしています。脚本を読んだだけではおもしろさが伝わらないネタもあるんですけど、これは脚本を読んだだけでそのおもしろさが十分にわかると思います。これでもかというほど保険がしっかり効いていますから。

保険が効いているとはどういうことかというと、家で言えば基礎の部分、土台や骨組みがそもそも笑えるつくりになっているということです。たとえば、たまたま宝くじで六億円当たったおばさんと、路上詩人のコントと聞いただけで、おもしろそうじゃないですか。これから起きそうなことを想像して、クスリと笑いたくなりませんか?

このネタは、キングオブコントの予選が始まる直前、かもめんたるの単独ライブで初めてかけたのですが、ウケ方の次元が違いました。ウケ過ぎて困惑したぐらいです。ライブの後半に披露したのですが、「今日のお客さんたちって、こんなに笑う人たちだったの？」って。

決勝のファーストステージ、僕らの出番は三番目でした。ひとつ前、二番手の鬼ヶ島さんのネタが爆発した後でもありました。めちゃくちゃウケていたんです。

当時、鬼ヶ島さんのネタの後は、焼け野原になると言われていました。つまり、ウケ過ぎて、お客さんの笑いを根絶やしにしてしまう、と。当然、その状況も想定していました。でも、『言葉売り』なら焼け野原に新芽を吹かせる力があるんじゃないかなとも思っていました。

ただ、そういう自信作って、演じる側は意外とおもしろくないんです。ネタの力を借りてウケているみたいで。もちろん、そのネタも自分で書いているので、「借りて」という表現も変なのかもしれませんが。どうであれ、ステージ上の素直な感想として、自分がウケている感じが薄い。なんかズルをしているような気分になってしまうんです。

むしろ、『白い靴下』のように当たり外れがあるくらいのネタの方がやり甲斐《がい》があるし、ウケたときも気持ちがいいんですよね。攻略が難しいゲームの方がクリアできたときの達成感が大きいのと同じです。

完成され過ぎているネタは、それがゆえの欠点もあります。ちょっとでもウケが弱いと、「あれ？　セリフを飛ばしちゃったかな？」といらぬ心配をしてしまったりする。あと完璧にできたときの残像が強烈過ぎて、そのときの出来を追い求めるあまり、いらぬ緊張をしてしまったりもするんです。

とはいえ、この年は、状況的に『言葉売り』を持っていて本当に助かりましたね。安心感が違いました。結果、僕らは鬼ヶ島さんを十九点上回る九二三点を獲得して、この時点でトップに立ったのです。出来過ぎな展開でした。

Q25 二〇二一年、十二年振りにM－1にエントリーした経緯を教えてください

二〇二〇年十二月、サンドウィッチマンさんの「お笑い二刀流道場」（テレビ朝日）という番組で漫才に挑戦させてもらいました。漫才をテレビで披露するなんて初めてのことだったので、本番前はめちゃくちゃ憂鬱でした。

ちょうどその頃、劇団かもめんたるの公演中でもあったんです。そのお芝居の中で、僕は、一筋縄ではいかない偏屈な男を演じていました。僕に近いんだけど、僕とはちょっと違う。僕の面倒くさい部分を煮詰めたようなキャラクターでした。

その時点で僕は完全に役の中に入っていました。そこで、せっかくだから漫才もこのキャラクターのままいってやろう、と思いついたんです。厳密に言うと僕ではないんですけど、漫才は「どーもー！　かもめんたるです！」と出て行けば、お客さんは僕として見てくれますからね。

お芝居のキャラを借りて、あえてしゃべくり漫才に挑戦しました。キャラに入っているので漫才コントの方がスムーズかなと思ったのですが、この役が素の自分なのだと言い聞かせればしゃべくり漫才もできるんじゃないかと思って。

「古本屋さんで本を売ろうとしていた息子の友だちの母親が、全部買い取り不可で、古本を突き返されている場面を目撃してしまった。そのときの正しいリアクションって何？教えてくれ」というような内容のネタです。これだけでも相当、面倒くさいヤツだということがわかるでしょう？

そのネタが思いのほか好評で、知り合いのディレクターに「M－1に出てみたら？」と勧められたんです。「漫才は素の自分でしゃべらなければならない」という呪縛《じゅばく》から解放されたこともあって、以降、僕の中で漫才熱が急激に高まってきました。

漫才は、素の自分である必要はない、素の自分に近い人間を演じればいいんだと気づいたんです。舞台に上がるとき、まずは、そのスイッチを入れる。そこからは僕とは別人格の自分が話してる感じです。そのモードを見つけられたことで、漫才も演じることの延長に置くことができました。これは僕にとって、とても大きな発見でした。

とはいえ、なかなか漫才とじっくり向き合う時間をつくれないまま、あっという間に時間だけが過ぎていきました。そんなとき、二〇二一年夏に今度は「ルミネtheよしもと」の「M－1トレーニング2021」というイベントに呼ばれたんです。そこで新ネタを披露したのですが、そのネタの評判もけっこうよかったんです。そこで勢い、エントリーに至ったという感じです。

M－1に出る以上、コントでは絶対にできないようなネタで勝負したかった。なので、コントネタを漫才ネタに移植するようなことはせず、漫才用のまったく新しいネタを作るつもりでいました。

ところが、そのタイミングでうちの母が僕に意見してきたんですよね。よくあるんですよ。僕の仕事にすぐ首を突っ込んでくる。どこで聞きつけてきたのか、僕がM－1に出ることを知っていて、『正しい顔』というコントのネタを漫才にスライドしたらどうかと提案してきたんです。

そのコントは会社のオフィスが舞台で、サラリーマンの上司と部下の会話で構成されていました。なので、確かにしゃべくり漫才にできそうなネタではあったんです。

上司である僕が「ちょっと話があるんだけど」と後輩をオフィスの一室に呼び出すところから話は始まります。会社のレクリエーションでドッジボールをすることになった僕は、当てられたとき、どういう顔で外野に行けばいいのかわからないと部下に相談を持ちかけるんです。

なんでもない顔をしていたら絶対カッコつけていると思われるし、かといって、素直に悔しそうな顔をするのも普段の自分と違い過ぎるし、みたいな。二人で、そんなディスカッションをするコントです。

このネタを漫才にするとしたら、どうなるのかな。僕がまずは「最近、悩んでることがあるんだよ」と振る。そして、「今度、住んでる地域の運動会でドッジボールをすることになってさ」みたいな感じで展開していく。まあ、そんな感じでいけるとは思うんです。

ただ、この会話のおもしろさは、どこにでもいそうな普通のサラリーマンがめちゃくちゃ自意識過剰だったという意外性にあるんですよ。漫才師の僕が舞台上で同じことを言ったら所詮、芸人が笑わせようとして変なことを言ってるよと思われるのがオチです。いかにも漫才師が言いそうなことだな、と。意外でもなんでもなくなってしまう。

この内容をサラリーマン同士がリアルな会話として職場で話しているのと、漫才師が漫才のテーマとして舞台上で話しているのを比べた場合、どちらがおもしろいか。僕は断然、サラリーマン同士の会話だと思ったんです。

Q26 二一年、二二年のM－1で披露したネタは、う大さんの独白が長いのが特徴でした

簡単に言うと、嘘を少しずつ本当っぽく見せていくのがコントなんです。僕らが提示したフィクションの世界を最終的に本当の世界が出現したと錯覚させることができたら、こっちの勝ちなんです。

それに対して、漫才は本当のことを話しているという体から始まって、「なわけないだ

ろ！」という方向へ広がっていく。たとえば、「先日入籍しまして……」というリアルな話から、実はその妻がこんな奇行の持ち主だったんですということを次々と紹介していくというような。その手のネタは往々にして最後、絶対に嘘だろうというエピソードでオチが付きます。「もういいよ」と。

コントは嘘の中のリアリティーを探る作業で、漫才はリアリティーから嘘を紡ぎだしていく作業と言ってもいいのかもしれません。

『正しい顔』は漫才にできないことはないし、僕らのコントネタの中では母親が指摘した通り漫才ネタに変換しやすい内容だったとは思います。でも、そもそもフィクションとして作ったものを漫才にしたら、嘘から始まって嘘で終わるみたいなことになりかねないんですよ。それだとお客さんは白けてしまうと思うんです。コントよりもおもしろくならないことが明白なネタを、わざわざ漫才にする意味はありませんよね。

僕らがM－1で勝つためにたどり着いた答え。それは究極の会話劇にするというものでした。準々決勝止まりだった二〇二一年も、準決勝まで進出した二〇二二年も、僕が変な信念だったり、変な嗜好《しこう》だったりを相方にこれでもかというほど主張し続けるという形の漫才です。

二〇二一年は、DVDのことを「円盤」って呼ぶことにかすかな嫌悪感を抱いている男の話でした。音楽業界はDVD化することを「円盤化決定」とか言うじゃないですか。でも僕はその呼び方が通ぶっているようで、どうにも照れくさいわけです。

他人がそう呼ぶのはまだ許せるんです。それどころか、好ましく感じるときさえあると告白します。その話はやがて「相方のおまえがDVDを円盤って呼ぶタイプなら、一緒にお笑いはできない」みたいなところに発展していく。そういう、ちょっとわけのわからないことを主張し続ける漫才でした。

あのネタは最後、まだまだ言いたいことがたくさんあったので、ラリーをしていたらもったいないなと思って、あえて僕の独壇場になる時間をつくったんです。

逆にあれをコントにしたら、どうなるのかな。漫才ネタをコントネタにするというパターンなら、もっとウケることもあるのかな。

たとえば、場所は中華料理屋さんの厨房《ちゅうぼう》で、スタッフ同士がこんな会話を始めたとします。

A「おまえ、DVDのこと円盤って呼ぶ?」

B「うん」

A「そっか。おまえのこと嫌いじゃないんだけど、じゃあ、もう一緒には働けないな。今日でここのバイト辞めるわ」

B「いやいや、別におまえの前では言わないから。そこまでする必要ないだろ」

ぜんぜんおもしろくなりそうにありませんね。それどころか会話が完全に宙に浮いています。漫才サイズのエキセントリックな会話をコントのリアルな世界に落とし込もうとすると突飛過ぎて、はみ出しちゃうんでしょうね。

漫才の場合は不特定多数のお客さんの前で「何を言ってるんだ?」という狂気があるし、コントの場合は密室で「何を言ってるんだ?」という狂気がある。なので同じセリフでも、お客さんの受け止め方が微妙に異なってくるんです。

DVDの話に関していえば、あんなわけのわからない理論を密室で説かれたらホラーじみた話になってしまう。それはそれでおもしろいけど、笑いに持っていけるかどうかは難しいですよね。やはりあのネタは漫才師同士という、人前で変なことを言っても許される特殊な空間だからこそ成り立っているのだと思います。

シーン3

「人間は、ただ、自分のメリットのためだけに行動する」

Q27 うるとらブギーズの『催眠術』がお好きなんですよね？

ざっくりとした分類法ですけど、僕が考えるネタの種類はだいたい二つに分かれます。『言葉売り』のように構成がしっかりしているネタと、『白い靴下』のようにキャラクターの中身が味わい深いネタです。前者は台本だけでもおもしろさが伝わるけど、後者は演者のプラスαがあって初めて輝くネタです。

演技力をそこまで必要としないネタと、必要とするネタという分け方でもいいのかな。『白い靴下』は、あの込み入ったキャラを伝えるためには、相応の演技力が必要です。奴隷キャラの男は、ものすごく複雑な生い立ちを隠し持っていそうじゃないですか。なので、そこまで踏み込んで、想像を広げられる力量が求められるんです。

もちろん、この両方のよさを少しずつ併せ持っているネタもあります。ただ、この二つは相容れないところもあるんですよ。せっかく独特なキャラを登場させてもネタの構造自体が複雑過ぎるとそのよさが埋没してしまうし、逆に構造がおもしろいのに癖の強過ぎるキャラを出すと土台の部分が台無しになってしまうこともある。

僕がおもしろいと思うネタは、だいたいこの二つの要素をバランスよく兼ね備えています。構造といい、キャラといい、実によくできているなと思ったのは、二〇一九年キングオブコント決勝のファーストステージでトップ出番のうるとらブギーズが披露した『催眠術』というネタでした。

冒頭は、何とも不思議なムードでした。ステージ上でいかにもという雰囲気でトークを展開している催眠術師と、客席でブツブツ何ごとかをつぶやいている男。どういう状況なのかすぐには飲み込めませんでした。

何これ？　どういう状況なの？　と。観る側に一瞬、緊張が走った。

本来、演じる側は客席をそういう空気にしたくないので、なるべく早く状況を説明したがってしまうものなんです。でも彼らは、客席の早く知りたいという欲求をなだめるように、手なずけるように、ゆっくりとコントの正体を明かしていきます。

催眠術師が「催眠にかかってみたいという方」と客席に呼びかけると、その男がすかさず手を挙げます。催眠術師はその男をステージ上に上げ、名前やどこから来たかを尋ねるのですが、男は瞬時にそのセリフを復唱します。なぜか催眠術師と同じ言葉を繰り返してしまうんです。

バグっている世界を見ているようでもあり、ものすごく密な会話の輪唱のようにも聞こえました。その状態がまずおもしろかった。誰も見たことのない光景なのに、おもしろいと思わせるのがすごいですよね。

見たことも、聞いたこともない世界。これを体感できるのが、コントを含むエンターテインメントの醍醐味《だいごみ》の一つでもあると思うんです。

このコントにはもう一つの「初」が盛り込まれていました。ショーの後半、男はこの症状でこれまで人生でいかに苦労してきたかを語り、涙を流します。すると会場の客席から「泣くな!」「がんばれ!」という声援が飛んだのでしょう、男はその声まで拾って同時にしゃべるんですよ。あの発想は痺《しび》れましたね。ボケの延長で客席の様子まで表現した。あの瞬間、架空の世界の、いるはずのない観客の姿が確かに見えましたから。

この男の「同時にしゃべる」という行動には何の根拠もありません。単なる反射です。ということは観客席の声が耳に入ってきたら、それも拾ってしまうはずですもんね。

コント中で観客の声を表現する場合、通常はあらかじめ録音していた音を流すか、オウム返しを利用します。「○○ということですね」とか「○○とか言わないで!」という風に。どちらの場合も少々、野暮ったく感じられてしまうんですよ。それを構造的にクリアしていた。あんな方法で想像の世界を表現した舞台人は過去、いなかったんじゃないですか。

世の中には、おそらくこんな風に同時にしゃべってしまう人はいないと思うんです。無論、想像の世界なので、どんな荒唐無稽《こうとうむけい》な人が出てきてもいい。だから、おもしろいんです。ただ、それだけだとおもしろいだけで終わってしまう。

おもしろさと同時にリアルさを追求し、その二つが成功したときに後世に語り継がれる名作コントが生まれるのだと思います。『催眠術』は、まさにそんなコントでした。おもしろいだけでなく、細かな描写を重ね、フィクションの中にリアルな世界を構築した。お客さんも知らぬ間に男の悩みに共感し、現実世界を見せられているような錯覚に陥っていましたもんね。

このコントは締めくくり方も見事でした。最後、復唱男は催眠術師に「しゃべってる人と一緒にしゃべらなくなる催眠をかけてください」と懇願します。ここで初めて男が催眠術ショーに来ていた理由が明らかになります。このくだりがなかったら、この男はなぜ他の客に迷惑をかけるとわかっていながら、この場にやってきたのだろうというモヤモヤを残したまま終わってしまうところでした。

頭からお尻《しり》まで考えに考え抜かれたコントでしたよね。

Q28 病気を想起させるネタは難しいと聞きますが

人の声をその場で復唱してしまうという症状は、彼にとって一種の病気のようなものなんでしょうね。この手のネタを作るのは、じつはすごく難しいんです。というのも、ボケとして使っている症状が、実在する特定の病気や障害を連想させてしまう恐れがあるからです。

その点をこのネタはうまくすり抜けています。耳に入った他人の言葉を繰り返してしまうという病は、少なくとも普通の人が知っているレベルでは存在しないと思います。だから、ボケとして許される。

僕らの初期のネタで、前日に黒澤明《くろさわあきら》監督の映画を見過ぎた影響でしゃべるときについ黒澤映画の登場人物みたいな口調になってしまうというコントがありました。昔の映画の、やや早口で、硬質な感じの物言いがあるじゃないですか。ついあの感じでしゃべってしまうのです。

広い意味では黒澤映画のネタも症状モノではありますが、決してネガティブな雰囲気のネタではないので、これもセーフだったと思います。

二〇一〇年のキングオブコント決勝でピースさんが披露した『ハンサム男爵とバケモノ』というネタも人間同士だと病気を連想しかねないネタでしたが、そこを人間以外のキャラクターに演じさせるという手法でクリアしていました。

ボケ役の又吉《またよし》（直樹《なおき》）さんは、一角獣のように頭のてっぺんから大きな角が伸びている化け物を演じていました。彼はしゃべり方からしてそうでしたが、ちょっと愚鈍というか、のろまなヤツなんですよね。綾部《あやべ》（祐二《ゆうじ》）さんが演じる男爵はそんな化け物に対していつもカリカリしているんですけど、一人だと何もできない化け物のことが心配でならないわけです。

化け物は男爵に叱られながらも原宿《はらじゅく》でショッピングを楽しむのですが、ダメなヤツと保護者みたいな関係で、ハートウォーミングなネタでもありました。最初、化け物が出てきたところで想像したストーリーとはぜんぜん違う方向へ話が転がっていくので、終盤はめちゃくちゃ笑いましたね。

ただ、あれが人間同士だと誤解を招きかねないので、テレビでは扱えないんじゃないかな。化け物役の方が、ちょっと知的障害を持った人っぽく見えてしまうかもしれないので。このネタは、そこをうまく回避していますよね。

モンスターものは、まだまだ可能性を秘めているジャンルだと思うんです。ただ、リアリティーを出すためには衣装やメイクが重要になってくる。なのでテレビのように予算が潤沢で、小道具やメイクが万全な環境でないと難しい面があるんです。

新ネタを初めて披露するときって、だいたい小さな舞台で、最低限の小道具でやりますからね。勝負ネタになるかどうかもわからない段階で、そこまでお金はかけられないじゃないですか。となると、やはり人間の役がいちばん手軽なんです。衣装もメイクもほぼ必要ないので。

僕らも猿と人間の間に生まれた「サル人」が登場するネタを作ったことがあるのですが、そのときはメイクはせずに衣装を少しだけ工夫しました。サル人役はオーバーオールとキャップという組み合わせにしたのです。テレビに出てくるチンパンジーがよくそんな格好をしているじゃないですか。

簡素な衣装でも冒頭で「猿と人間の間に生まれたサル人です」と紹介すれば、そう見てもらえますから。あのネタもリアルなメイクを施したら、もっとおもしろくなると思うんだけどな。

Q29 ジャルジャルのネタって、どれを観てもつい笑ってしまいますよね

人間はほぼすべて、自分のメリットのためだけに行動する。人物造形の際、これも僕がいつも言い聞かせていることです。

たとえば、おとぎ話の「浦島太郎」は物語の冒頭で主人公の浦島太郎がいじめられている亀を助けます。その行為は亀のためでもあるのですが、「ここで亀を助ける人間でありたい」という美学ゆえの行動でもある。つまり、浦島太郎にとっては、自分の美学を守ることができるというメリットがあるのです。

漫才の話になりますが、二〇二一年のM－1で錦鯉さんが優勝しましたよね。僕は一本目の合コンのネタはつくづく最高だと思ったのですが、二本目の猿を探しに行くネタは一本目と比べると少しだけ違和感を覚えました。

松本さんがファイナルジャッジで錦鯉さんに投票したとき、「最後は、いちばんバカバカしいのに（入れました）」と言っていました。松本さんの「バカ」の定義はわからない

のですが、僕の中でバカとは愚かだということ。愚か者もエゴイストだということに違いはなく、やはり損得勘定で動いている。むしろ、よりそこに忠実だと思うんです。そういうところが人間のかわいらしさであり、おもしろさじゃないですか。

合コンのネタでは、そういうところがきちんと描かれていました。自分の思い通りにならなくて女の子に意地悪を言ってしまったり、自分主導の古今東西ゲームで半ば強引に主役になろうとしてみたり。

それに対して、二本目の猿を捕まえたいというテーマのネタは人間の欲望と結びついていない気がしたんです。この人はなぜこんなに一生懸命、猿を捕まえようとしているのだろう、と。それこそがバカじゃんというのもわかるんですが。

でも僕はそんな人間を超越してしまったバカより、もっと人間臭いバカの方が好きなんですよ。たとえば動物園から猿が十匹ぐらい脱走して、一匹につき一万円の懸賞金がかかっている、とかならまだわかるんです。もっと安全で効率のいいアルバイトがありそうなものなのに、どうしても十万円が必要で目先の儲《もう》け話に飛びついてしまったのだ、と。そっちの方が、バカだなって笑える気がするんですよね。

まあ、ここまで細かな話になってくると、いい悪いではなく、嗜好の問題なんだと思いますが。

何度も言いますけど笑いとは共感です。もちろん、理解不能だという共感もあるんですよ。それがシュールというジャンルです。

シュールと言えば、僕の中ではジャルジャルさんなんですよね。シュールの最高峰を行くコント師と言っていいかもしれません。

二人のネタで僕がいちばん好きなのは二〇二〇年のキングオブコントで優勝したときの一本目のネタ、『野次ワクチン』です。

福徳さんが演じるのは芸能事務所の社長・シカヌマ、後藤さんが演じるのは事務所の新人歌手・ヤタシンという設定でした。今度、ボートレース場で歌を歌うというヤタに対して、シカヌマはああいうところは野次がひどいから俺が野次っても歌い切れる練習をしておこうと提案します。

野次に慣れるための練習だから『野次ワクチン』。この発想とネーミングがすでにおもしろいですよね。

出だしのシカヌマの行動原理はシンプルでした。事務所の社長が所属歌手のためにひと肌脱ぐ。それだけです。ところが野次り始めた途端、シカヌマのスタンスは「人は自分の利益のために動く」という法則からは大きく逸《そ》れていきます。少なくとも僕の目にはそう映りました。

この場合における社長のメリットとは何か。それは歌手のメンタルの成長です。したがって、普通のコントなら野次の内容がどんどんひどくなっていって、「そこまで言いますか？」とツッコミを入れるような展開になっていくと思うんです。

ところがシカヌマの野次は途中から野次とは思えない野次に変わっていきます。「ちゃんと自己紹介してから歌えや！」とダメ出しをしたかと思えば、携帯電話を耳にあてながら「今、大事な電話や！　歌やめろ！」と困惑させるようなことを叫ぶ。最終的には「今、シカヌマや！」「おまえの事務所の社長のシカヌマとして言うてんねん！　歌やめろ！」とまで言う。で、ヤタが歌をやめると「なんでやめんねん！　練習やん！」と怒るのです。

もはやシカヌマの利益にかなう行動には見えなくなってくる。ふざけているだけのようにも見える。でも、シカヌマは「ボートレース場には、こういう紛らわしいことを言うおっちゃんもおるかもしれんやん」と自分の言動の正当性を主張するんです。シカヌマの中では『野次ワクチン』は成立しているわけです。所属歌手を鍛えるという目的と何ら矛盾してはいない。ただ、その発想がアブノーマル過ぎて、まったく共感できないんですよね。

理解不能なキャラクターが登場するネタは、観る側になぜあんな人間の相手をし続けるのかという疑問を抱かせがちです。お笑いを始めたばかりの頃、僕もネタ見せで作家などに「そんなヤツの相手をせずに帰っちゃえばいいじゃん」とよく言われたものです。「現実にこんなヤツがいたら帰るだろ?」と。

共感しにくいキャラクターを登場させるときは、その相手をする人間の行動原理も重要になってきます。「なぜ帰らないのか」の理由です。

『野次ワクチン』の場合、シカヌマとヤタは事務所の社長と歌手という上下関係にあります。なので、帰れない。それもあるでしょう。

もう一つは、後藤さんが演じる新人歌手の精神状態もあると思います。ヒートアップし過ぎて、ヤタの意識が「この状況を乗り越えてやろう!」というややトンチンカンな方向へ走り始めている。こちらの方が動機としては説得力がありますよね。いくら相手が社長だと言っても、ヤタが冷静になって「こんな社長がいる事務所はもう辞めた方がいい」と思ったら帰っちゃうでしょうから。

ヤタはヤタで無茶苦茶なことを言ってくる社長に食らいつこうとしているうちに、帰るという選択肢すら思い浮かばないような錯乱した精神状態に陥っているわけです。密室におけるヒステリー状態とでも表現すればいいのでしょうか。

ジャルジャルさんは、このコントのようにシュールさの中にリアリティーを表現するのが非常にうまいんですよ。理解不能なんだけど嘘っぽくならない。計算ずくということではなく、おもしろさを追求しているうちに自然とそうなるんでしょうね。

ジャルジャルさんお得意の、同じやりとりを熱量を保ったまま繰り返すループ状のネタが成立する秘密はこのあたりにあるのだと思います。

Q30 キングオブコントの会2022では、ジャルジャルのコントにも出演していました

キングオブコントの会2022で僕が出演した『脚本家とエグゼクティブプロデューサーの奴』というネタも、まさにジャルジャルワールドでした。これはジャルジャルさんの作ったネタに僕がお呼ばれして実現したコントです。

記者役の後藤さんが、脚本家役の福徳さんとエグゼクティブプロデューサー役の僕にインタビューをするという内容でした。

福徳さんは自分の職業である「脚本家」と発音するとき、「カクホンキャ」などとつい噛んでしまう癖を持っていました。同じように僕もエグゼクティブプロデューサーと言えずに「エスケクティブプロデューサー」みたいに言い間違えてしまう。

そのことを記者にイジられた福徳さんは「次、噛まずに言えたら千円ください」と提案します。しかし、福徳さんはまた噛んでしまう。意地になった福徳さんはエグゼクティブプロデューサーである僕も巻き込み、賭《か》けに負けるたびにどんどんレートを上げていきます。まさに密室におけるヒステリー状態に突入していくのです。

やはり、あれがジャルジャルさんの必勝パターンなんでしょうね。シュールなネタだけど冷笑的にならずにエネルギッシュにぶつかり合う。

ジャルジャルさんのコントに参加させてもらってつくづく感じたことなのですが、彼らの間には二人にしか通用しない暗黙の了解というか、間合いのようなものがあるんですよね。なのでコント中、「俺、邪魔じゃないかな」みたいな思いにかられる瞬間が何回かありました。そうならないよう本当に必死だったんです。

ジャルジャルさんのコントには台本がありません。なのでネタ合わせのときは、まずは福徳さんが僕の役の見本を見せてくれました。それを僕が見よう見まねで演じ、違うなと思うところは都度都度、口で説明してくれました。おそらく二人だけだったら最低限のルールさえ決めてしまえば、あとは流れでできてしまうのだと思います。

いちばん難しかったのは、嚙み方です。福徳さんは「カクホンキャ」から始まって、「キャクホンキュ」と進化し、最終的に「シャクポンキュ」みたいな嚙み方になっていった。いくらなんでもそんな間違い方はしないでしょうという方へどんどんエスカレートしていくんです。

もし僕が同じような言い間違えのネタを作るとしたら、ありえそうな嚙み方しかしないと思います。「カ、カクホンキャ」ぐらいまででしょう。そこはやり過ぎない方がおもしろいと考えてしまう。ただ、二人の中では逆なんでしょうね。エスカレートさせていくからこそおもしろい。そこはそれぞれのお笑いに対する流儀というか、ルールの違いのようなものを感じましたね。

このときはせっかくジャルジャルさんのコントにお邪魔させてもらったので、僕もその作法にならい「エクエクエクエクエイサー」みたいなありえない嚙み方をしてみました。でも、あれで二人が満足してくれていたかどうかはわからないな。「う大さんの嚙み方、サブいな」と思われていたかもしれません。

キングオブコントの会は原則、誰かとユニットを組まなければなりません。なので僕を入れて三人になったわけですが、ジャルジャルさんは最初、三人が登場する新ネタを作ろうとしたそうです。でも、できなかった、と。

おもしろいですよね。二人だけのネタだったら、いくらでも作ってしまう二人がですよ。ジャルジャルさんというコンビがあまりにも完璧過ぎるので、そこに加わる人は誰であれ異物になってしまうんでしょうね。なので苦肉の策として、もともとあった二人のネタ『脚本家って言えへん奴』にエグゼクティブプロデューサーという新たな役を足したのだそうです。

こういうシステム型というか、一定のルールが存在するコントは感情を乗せづらいだろうし、乗せてもいけないのだろうなと思っていたんです。リアルな感じを出すと、それがネタのブレーキになってしまうのかな、と。

ところが実際にやってみると、だんだんと楽しい気持ちになってきて、気持ちが前のめりになってくるんですよ。その感情を逃さずにやりとりを白熱させていく、自分をヒステリー状態に持っていくというのがジャルジャルさんのコントの鍵《かぎ》なのだと思います。一人がそのエネルギーを波のように送り続けてくれたお陰で、僕もその流れに乗っかることができました。

冷静に眺めたら、このネタの世界はまったくリアルじゃありません。賭け金が最終的に億単位まで跳ね上がりますから。でも、二人が楽しんでいるのは本当なんです。やらされているところが一つもない。そこでおもしろさを保っている。どうなるかわからないゲーム的な余地を残しておくためにも台本はない方がいいんでしょうね。

ジャルジャルさんは二人とも芝居はすごくうまいんです。ただ、別人格を演じるような芝居ではなく、自分をマイナーチェンジさせる程度にとどめているというか、あえてサラリと演じている感じがしましたね。あくまで楽しむことがメイン。だから嘘っぽくならないし、軽やかで、お洒落な雰囲気になる。

ジャルジャルワールドに足を踏み入れてみて、改めてすごい芸風だと思いました。もはやコントというよりは「ジャルジャル遊び」とでも呼ぶべき一つのジャンルと言った方がいいのかもしれません。

Q31 さらば青春の光も初期のキングオブコントを語るには欠かせないコンビです

「笑いの構造がしっかりしているコントって何？」と聞かれたら、シチュエーションが大喜利の答えになっているコントと答えます。

このタイプのコントで僕が真っ先に思い浮かべるのは、さらば（青春の光）の『ぼったくりバー』です。二〇一二年のキングオブコント決勝で僕らと同じく初出場だった彼らがトップバッターとして披露したのが、このネタでした。

さらばのコントのシチュエーションはどれも独創的で、秀逸です。でも、その中でも僕がいちばん好きなのがこのネタなんですよね。

『ぼったくりバー』が大喜利として成立しているとはどういうことか。つまり、「こんなぼったくりバーは嫌だ。どんなぼったくりバー？」というお題があったとします。それに対して「請求額の桁《けた》が那由多《なゆた》」と答える。那由多とは、兆の十二個上の単位です。那由多がちょっとわかりにくいかもしれませんが、ひとまず大喜利の答えにはなっていますよね。シチュエーションを聞いただけでおもしろそうじゃないですか。この手のコントも保険が効いていると言っていいと思います。

このコントはタイトル通り、客役の森田《もりた》（哲矢《てつや》）君がバーでぼったくられるんですけど、その額が半端ないわけです。森田君が請求書を手に桁数を数えていきます。

「一、十、百、千、万、十万、百万、千万、一億、十億、百億、千億、一兆、十兆、百兆、千兆、一京、十京、百京……」

そこからも延々単位が増えていき、最後は那由多まで行きつく。

そこで森田君が初めてツッコむんです。

「……ぼったくりやないかい！」

あそこは最高におもしろかったな。「今さら言う？」っていうツッコミですから。

ツッコミって普通は同時か、お客さんより少し先回りして言うものなんです。でもこの場合、お客さんの方がはるか先に気づいているわけです。ぼったくりなんだな、と。膨大な請求を突き付けられているサラリーマンだけが「ぼったくりやないかい！」と叫ぶまで、一人で取り残されていた。ショックが大き過ぎたのか、単なる悪あがきなのか。そのことが、しみじみおもしろい。コント史に残る名シーンだと思います。

森田君自身も『ぼったくりバー』がいちばん好きなネタだと話していたことがありますが、ライブではなかなかウケなかったそうです。ここの「ぼったくりやないかい！」っていうツッコミも、キングオブコントの芸人百人の前でやったとき初めて大爆笑が起きたそうです。おそらくお客さんからしたら「なんで今さら？」としか思えないんでしょうね。

僕ら芸人から言わせるると、今さらだからおもしろいんですけどね。

このネタはオンバト（NHKの「爆笑オンエアバトル」および「オンバト+」のこと。一九九九年〜二〇一四年）で、オフエア（不合格）になったそうです。オンバトは百パーセント、お客さんの投票でジャッジされますからね。仕方がない気がします。

僕らもオンバトは相性が悪かったんですよね。漠然としたニュアンスのおもしろさを伝えるような、僕が本当に好きなネタはなかなか評価してもらえませんでした。

『ぼったくりバー』は、あそこまでの額になる前に「個人からそんなに取れると思います?」とかちょいちょいツッコミを挟んでいたら、もっとウケやすくなっていたんじゃないかな。ただ、それをやってしまうと、僕がコント史に残るとまで言った「ぼったくりやないかい!」の名シーンは生まれていなかったでしょうね。

そもそもこういうコントの場合、笑いを取るのは原則的にはボケなんです。ところが、さらばの場合はツッコミの森田君がメインとなって笑いを起こしていく。そこが二人のオリジナルなところなんです。ただ、通常とは異なるスタイルなので、楽しみ方がお客さんに浸透するまでに少し時間がかかったんじゃないかな。

これだけ構造がしっかりしているコントは本来、登場人物のキャラは濃過ぎない方がいいんです。両方のよさがぶつかってしまうので。ただ、そこもさらばのオリジナルなところなんですけど、森田君がオーバーなくらいに人間味を爆発させてくるんですよ。そこで熱量を一気に上げてくる。

しっかりした構造と濃いキャラクターという組み合わせでも、そのコントに合うキャラクターや演技さえ見つけることができれば、相乗効果でここまでの作品になるといういい見本だと思います。

Q32 今もキングオブコントに出続けている理由は何なのですか？

優勝翌年、二〇一四年に前年王者としてキングオブコント決勝にゲスト出演したとき、スタジオ裏で松本さんにこんな風に声をかけられました。

「自分ら、今年は出んかったん？」

痛いところを突かれたような気がしました。「俺がおまえだったら出てるけどな」と言われたような感じがして。

ご存じの通り、かもめんたるはキングオブコントで優勝したものの、その後、テレビの世界で売れるというルートに乗っかることはできませんでした。

松本さんにそう言われて、だったら舞台ネタをとことん突き詰めて、再びキングになることを目指す道もあるよなと思えたんです。それで二〇一五年から、またエントリーするようになったんです。

二〇一五年は、キングオブコントの歴史において大きなターニングポイントとなった年でもあります。というのも審査方法が大きく変わったのです。芸人百人による集団審査ではなく、松本さん、さまぁ～ずさん（大竹一樹、三村《みむら》マサカズ）、バナナマンさん（設楽統《したらおさむ》、日村勇紀《ひむらゆうき》）の計五人が審査にあたることになりました。

僕らは二〇一五年は準決勝で敗退しましたが、二〇一六年は三度目となる決勝進出を果たしました。そこで初めて生まれ変わったキングオブコントを体感したわけですけど、正直、別の大会と言ってもいいぐらいに会場の雰囲気が激変していました。

観客のほとんどは若い女性でした。僕らはそこで『念』という、観念上の自分をゆらゆらと揺れながら表現するコントを披露したのですが、ウケないばかりか悲鳴まで上がってしまいました。観念上の自分を演じる僕の動きや言葉が気持ち悪かったようです。

『念』は千原ジュニアさんがＹｏｕＴｕｂｅで激賞してくれたこともあったんです。僕の中でも新しい表現に挑戦した意欲作で、それだけにあの反応はけっこうショックでしたね。

芸人としては、老若男女を問わずに笑ってもらえるのがベストです。ただ、悲しいかな、かもめんたるはそういうタイプではありません。昔からそうだったんですよね。でも芸人を続けたかったので試行錯誤と取捨選択を繰り返し、今の芸風にたどり着いたんです。僕らの芸風をひと言で表現するなら「玄人ウケしやすい」ということになると思います。

二〇一三年、キングオブコントの頂点に立ったときは、まだ「芸人百人審査」時代でしたからね。玄人に強い僕らにとっては、すごく戦いやすい舞台だったんです。

この業界では芸人にウケることを「袖《そで》ウケ」って言うんですよ。舞台袖で観ている芸人のウケがいいという意味で。つまり、あの頃は「袖ウケ」がそのまま「客ウケ」になった。そんな会場、普通はありえないでしょ。僕らにとってはすごく居心地のいい環境でしたが、今考えてみれば、あそこの方が異常だったんでしょうね。

様変わりした決勝の舞台は、われわれにとっては試練の場でした。二〇一六年決勝の五位という結果も仕方がないというほかありません。

僕らのようなコンビが苦戦する一方、環境の変化を味方につけた組もありました。中でも、こいつらには絶対かなわないなと思ったのはジャンポケ（ジャングルポケット）です。

彼らはこういう雰囲気には滅法強いんですよ。

僕らの三つあと、六番手として登場したジャンポケは『トイレ』というネタで大爆笑を巻き起こし、ファーストステージの最高得点を叩き出しました。

『トイレ』の舞台はオフィスのトイレでした。中でスーツ姿の斉藤《さいとう》（慎二《しんじ》）君が大便をしていたにもかかわらず、太田《おおた》（博久《ひろひさ》）君がドアを開けてしまうところからドタバタが始まります。斉藤君が早く扉を閉めて向こうへ行ってくれと抗議しても、なんやかんやハプニングが続いて、太田君とおたけ君がトイレの中にまで入ってきちゃったりする。

仮に僕がこの斉藤君の役をやらなければならないとなったら相当、頭を悩ませるでしょうね。彼らの長所は細かな点は気にせずに、テンポとパワーで押し切っていけるところにあるんですよ。なので僕が重視するリアリティーに関しては、さほど重きを置いていない。むしろ、すべてがデフォルメされています。

斉藤君はトイレの中に入ってくる二人に、たびたび「ウンチあるんだよ！　嫌じゃない？」と問いかけます。あのセリフは斉藤君がパワーで押し切るからこそおもしろいんですよね。

「ウンチあるんだよ！」というのは紛れもない事実なのですが、そのリアルな世界がおもしろいわけではないんです。心の声がそのまま出てしまっているのがおもしろいのであり、それを言っている斉藤君自身がおもしろいんですよ。あれは僕らの芸風では表現できないな。

僕が斉藤君の立場だったら、臭いを嗅《か》がれるのが嫌なのでいったんウンチを流しちゃうと思うんです。消臭スプレーがあるのなら消臭スプレーを撒《ま》きまくる。そっちの方向で笑いを取ろうとするでしょうね。

もう一つ、コントを観ている間、ずっと気になっていたことがあるんです。斉藤君の便意の具合はどうなのかな、という点です。あれだけ長い時間、邪魔が入ったら途中で我慢できなくなっちゃうと思うんですよ。テレビだと表現しにくいかもしれませんが、途中でウンチが出ちゃうと思う。それを大声で誤魔化したりしてね。絶叫したら、またウンチが出ちゃうとか。リアルな笑いという意味では、そっちの方がリアルですよね。

Q33 実力、人気を兼ね備えたジャングルポケットがなぜ優勝できないのでしょうか？

ジャンポケのネタは、ボケの都合で進んでいってしまっているところがある気がします。つまり、ボケ優先の台本になってしまっている。ボケの太田君が書いているからでしょうね。ツッコミの斉藤君が書いたら、ツッコミの言動はもっと変わってくると思うんです。『トイレ』は最後、太田君とおたけ君が誕生日ケーキを持ってきて、じつは二人が仕組んだちょっと風変わりな誕生日のサプライズだったというオチが付いているんです。

でも二人の暴挙に抗《あらが》うのなら、このサプライズに対してこそ斉藤君はもっと抗議すべきだと思うんですよ。誕生日のサプライズなら、もっと人が喜びそうな演出を考えろよ、と。もしくは、この二人ならこういう無茶をやりかねないという根拠をネタ中にもっとちりばめておくか。そうでないと、このオチがシチュエーションを成立させるための、ただの言い訳のようになってしまうと思うんです。

ただ、ジャンポケはそれでいいと思っているのかもしれませんね。このネタを観てつくづく思ったのですが、三人は自分たちのストロングポイントを本当に熟知しているんですよ。彼らはとにかく目の前のお客さんを沸かせることをいちばんに考えているのだと思います。そのためにもキャラの強い斉藤君をとことん追い詰めて、斉藤君のテンションを半ば強引に上げていく。なので、斉藤君の悲痛な叫びも本当にそういう状況に追い込まれた人の叫びではなく、かなり誇張されています。だから客席も盛り上がる。

このネタでリアルさを追求したら、また違ったおもしろさが出てくるとは思うのですが、かなりトーンの違ったコントになってしまうでしょうね。そうすると、今までのように老若男女にウケるジャンポケではなくなってしまうかもしれません。彼らはそれは望んでいないと思うんです。

たとえるなら、彼らはファミレスであろうとしているのだと思います。そして、その能力がある。一方、僕のやろうとしていることは個人経営の小料理屋なのかもしれません。ファミレスなら老人から小さな子どもまでみんなが喜ぶ。でも、小料理屋に子どもを連れて行ってあげても喜ばないですよね。

でも、どちらの店も存在する意味はあるんですよ。みんなが同じような店を開いて、同じような料理を出してもお客さんは飽きてしまいます。いろんな種類のお店があるから、お笑いの世界はここまで繁栄したわけです。

かもめんたるは、これからもちょっと風変わりなメニューで勝負していくしかないと思います。他店では絶対に食べられない動物の生肉とかを出して、「自己責任で食べてね」とか。そういうのが性に合っているんでしょうね。

でも、それこそ「芸人百人審査」時代のキングオブコントは、少々グロテスクでもそういう見たことも聞いたこともないような料理にスポットを当てようという空気があったんですよ。料理人が他の料理人の料理を評価するのと同じ状況だったわけですから。だから僕らが優勝できたんだと思います。逆にその頃は、ジャンポケのような組には不利な大会だろうなと思っていたんです。

もちろん今も審査は松本さん率いるレジェンド級のコント師たちによって行われているので、プロの芸人が審査するという点では変わりません。ただ、会場がウケているかどうかというのは点数にモロに反映されますからね。笑いを起こす集団が以前は芸人だったのに対し、今は一般のお客さんたちです。なので以前と比べると、あまりにも奇抜な料理は敬遠される傾向が強くなったのかなという気はします。

恥を忍んで言うと、二〇一六年も僕は優勝できるネタを二本そろえることができたと思っていたんです。ただ、当日のウケはぜんぜん足りていませんでした。この会場の感じだと、僕が優勝を確信するようなネタであればあるほどウケないだろうなと諦めに近い感覚を抱いてしまいました。

二〇一三年の優勝ネタも、二〇一五年以降のスタジオの雰囲気だったならば、一本目の

『言葉売り』はウケたと思いますが、『白い靴下』はあそこまでウケなかったんじゃないかな。

今もキングオブコントには出続けています。ただ、なかなか決勝まではたどり着くことはできませんね。これも時代の流れなのかな。自分たちのネタが古くなったとは思いたくないのですが、かもめんたるをもう一度、決勝の舞台に上げようと思ってもらえるようなコントができていないのも紛れもない事実だと思います。

Q34 男性ブランコの『ボトルメール』を大絶賛していましたよね

僕は常々、せめてキングオブコントくらいはネタ自体に対する評価の比率がもっと高くてもいいのになと思っています。今の審査方法だと発想がどんなに新しくても、さほど大きなアドバンテージにならない気がするんですよ。

「お笑い」である以上、会場のウケ量は確かに大事です。でも、せっかくこれだけの規模で、これだけのレジェンド審査員たちを集めて日本のコント王を選ぶわけですから、もう少し独自の視点があってもいいと思うんです。極端な話、年によっては、六番目ぐらいのウケ量で優勝する組があってもいいじゃないですか。無責任な立場だからこそ言えるのかもしれませんが、そんなことを夢想してしまいます。

二〇二一年のキングオブコントのファーストステージで男性ブランコが三位につけたことがありましたよね。ちなみにそのときの一本目の順位は、一位が空気階段、二位はザ・マミィでした。

正直なところ、僕は男性ブランコの点数はもう少し高くてもいいと思ったんですよね。もし僕が審査員だったら男性ブランコにいちばん高い点をつけたんじゃないかな。

男性ブランコの一本目のネタは、ボトルメールをきっかけに知り合った男女が一年間の文通を経て、初めて実際に会うという設定のものでした。今どきありえないようなロマンスあふれるシチュエーションですよね。

男が待っている場所に白いワンピースを着た女性が現れるところからコントは始まります。その女性の出《い》で立ちはいかにもボトルメールを使いそうな、保守的で、上品な雰囲気を醸し出していました。ところが、その女性がいきなり「ほんま来てくれたんや！」と、ガラガラ声の関西弁でしゃべり出すんです。しかも、めちゃめちゃおしゃべりなんですよ。

見た目とは真逆。

観ていた人は全員、心の中でズッコケたと思うんです。「えーっ！」って。それぐらい見事な裏切りでした。ツッコミの助けを借りずにあれだけズッコケさせるって、なかなかできないですよ。

あの女性のしゃべり方と声のトーンは千原ジュニアさんの物まねなんですかね。そっくりでしたよね。

観ている方は男性側に感情移入して「きついなぁ、この女性」と思ったことでしょう。思い焦がれていたぶん、さぞかしショックだろうな、と。ところが舞台が暗転し、男性は心の声でこうつぶやくんです。

「いやぁ……好きだなぁ……」

またしても観る者の想像を見事に裏切ってくれました。爽快《そうかい》でしたね。あそこで僕は一気に心を持っていかれてしまいました。

おそらくこれまでのコントの歴史においては、あの手のシーンを思いついたら誰もがネガティブなツッコミを入れていたと思うんです。おいおい、と。よりによってなんでこんな女なんだよ、と。ところが、この男は全力で肯定してきた。過去の数多《あまた》のコントに対する謀反ですよ。本当に気持ちよかった。

このあとも気持ちのいい裏切りがいくつかありました。彼らは道なき道を行き、自分たちにしかできない方法でいくつもの新ルートを開拓したのです。

この大会のネタの中では、僕は『ボトルメール』がいちばんおもしろかったし新しかったと思います。

どんな文化や芸術もそうですが、やはり歴史を知っておくことはすごく大事なことだと思うんです。歴史という言葉が大袈裟なら、トレンドとか流れでもいい。

これだけあらゆるコントがやり尽くされた現代において、ゼロから新しいことを考えるのはほぼ不可能です。こんなことをやった人はいないだろうと思っても、大なり小なり過去の作品とかぶってしまう。

新しさとは何もないところから突然、生まれるばかりではありません。新しいものを探すということは従来の方法論の逆を行くということでもあります。となれば、昔のネタを知っていれば知っているほど有利なわけです。僕はこのネタはコント職人として地道に十数年のキャリアを積み上げてきた男性ブランコだからこそたどり着くことができたネタだと思ったんですよね。

『ボトルメール』は人を傷つけないネタだという評価も受けました。あんなキャラクターの濃い女性であっても否定せずに肯定した。だから、今の時代に合っている、と。

でも僕はその見方は的外れだと思ったんですよね。二人は単純にセオリーの反対をやっただけだと思ったんです。その方がおもしろくなると判断して。配信サイトの「ｎｏｔｅ」でそう論じたところ、後日、男性ブランコの浦井《うらい》（のりひろ）君に「よくぞ書いてくれました！」と感謝されました。なので、やはりそういうことだったのだと思います。

三位の評価ですから、十分と言えば十分なのかもしれません。でも僕は、あのコントにはそれ以上の価値があったと今でも思っています。

Q35 しずるほどのコンビが優勝していないのも不思議です

僕はこれまでおもしろいネタができたなと思っても、どこかで見たことのあるようなネタだったら迷わず捨ててきました。人と同じことをやることに対して恐怖心に近い思いがあるんですよね。そちらに流れたら僕なんてすぐにお払い箱にされてしまう。

自分が今、曲がりなりにも「お笑い芸人」という括りの中に入れてもらえているのは、人と違うことをやってきたからだと思います。自分の中で、そういう自負があります。

なので同じ指向性を持っているコントを観ると、ものすごくシンパシーを覚えるんです。うるとらブギーズの『催眠術』を観たときもそうだし、男性ブランコの『ボトルメール』を観たときもそうでした。知らなかった笑いをありがとうと、心から敬意を表したくなりました。

オープニングの鮮やかさで言うと、しずるの『能力者』も鮮烈でした。二〇一二年のキングオブコント決勝の一本目に披露したネタです。彼らの決勝進出はこのときすでに三度目で、誰もが認める実力者でした。

彼らのネタはこういったら二人は不本意かもしれませんが、通好みのネタが多いんですよ。なので、もちろん人気もありますが芸人間の評価も非常に高いんです。

『能力者』のファーストシーンは、街中で池田《いけだ》（一真《かずま》）君（現在の芸名はKAZMA）と村上《むらかみ》（純《じゅん》）君がすれ違うところから始まります。そして、すれ違いざまに池田君が先輩風を吹かせながら「わかってるよ、君も能力者なんだろ」と得意げに話しかける。

あのスピード感たっぷりの幕開けは痺れましたね。カッコよ過ぎて笑っちゃいました。まるで映画のワンシーンのようで、何かが始まる感じがすごいんですよね。あれもコント史に残る名シーンだと思います。

二人とも特殊能力の持ち主なのですが、村上君は自分の力に困惑し、内向的になっている能力者の役でした。

村上君が自分が時を戻す能力の持ち主であると打ち明けると、池田君は「まさか君の能力がリセットだったとは」と不敵な笑みを浮かべるんですよね。村上君が「君の能力は？」と返すと、池田君は「その人間が能力を持ってるかどうかわかる能力だ」と胸を張る。冷静に考えると、価値があるのかないのかわからないような能力ですよね。このチョイスがしずるっぽい。じつに巧みなんです。

凡庸なコントだったら、ここはいかにもくだらない能力を持ち出してしまうところだと思うんです。つまり、「いつ使うんだよ！」とか「普通の人でもがんばればできるよ！」とツッコまれるような能力です。

ここはまったく役に立ちそうもない能力でもダメなんです。池田君は自分の能力を「アンダースタンド」と名付けていましたが、それっぽい名前がちゃんと付いているのもいいんですよね。

おそらく能力者同士で争いが起きたとき、アンダースタンドが必要とされる局面があると思うんですよ。ただ、この時点では二人の能力はまったく釣り合っていない。村上君は、そこを遠慮がちに突くんです。「君の能力はそう大したものじゃない」と。あのセリフと、あのときの村上君の声のトーンが完璧なんですよ。

最後、自分の能力をバカにされた池田君はブチ切れて、村上君に向かって震えながら必殺技を繰り出します。「君は、能力を持っているー！」と。何の反撃にもなってないんですけどそう叫ぶしかなかった。だって、それしかできないんですもん。あの絶叫ボケも最高でしたね。そこまで積み重ねてきたものが一気に花開くかのような大輪のボケでした。

しずるのコントの魅力は二人ともボケようとしていないところなんですよね。登場人物は本当のことを言っているだけ。お客さんも彼らがおもしろいことを言っているから笑っているのではなく、一生懸命に生きているがゆえに滲み出てしまう人間の滑稽さを笑っている。わざとボケボケしいことを言って笑わせるのではなく、誰よりも真剣に生をまっとうした結果、笑ってもらえる。これがコントの美しさなんですよね。

あと、二人のバランスがいいじゃないですか。天然で少年っぽさを残している池田君と、ナイーブそうな村上君。同じ漫画の中の住人みたいな感じというのかな。タイプはまったく違うんだけど、同じ作者が描いた登場人物のようにフレームの中にすんなりと収まる。彼らならどんなコントをやっても一つの世界を作れそうな気がします。

この年は、僕らが決勝に初めて出た年でもありました。四番手として登場し、八八三点でトップに立っていたんです。でも六番手のしずるの『能力者』が爆発して、九一三点でまくられました。一瞬、このましずるがいくのかなと思いましたが、このあと大本命のあのコンビが出てきたんです。バイきんぐさんです。

もともと優勝候補の筆頭に挙げられていたのですが、評判通りというか、評判以上のパワーを見せつけられましたね。

Q36 二〇一二年のバイきんぐは、本当に強かったですね

バイきんぐさんはラスト出番、八組目として登場しました。この出番順もよかったですよね。いよいよ真打ち登場という空気になりました。下馬評でも、バイきんぐさんが大本命でしたから。

バイきんぐさんの一本目のネタは、西村《にしむら》（瑞樹《みずき》）さん演じる中年男性が久しぶりに母校を訪ね、懐かしんでいるシーンから始まります。西村さんは先生役の小峠《ことうげ》（英二《えいじ》）さんを見つけて「僕のこと覚えてます?」と話しかけるのですが、先生につっけんどんに返され

ます。「覚えてないね。自動車学校だよ、ここ！」と。このセリフでドッとウケる。かつて通っていた自動車教習所に、まるで中学校や高校のＯＢのようなノリでやって来る卒業生という絶妙な設定のコントでした。

何度も言いますが、このネタも保険が効いていますよね。「こんな卒業生がいたら嫌だ。どんな卒業生？」という大喜利で、「自分が通っていた自動車教習所に思い入れが強過ぎる卒業生」という答えが成立しますもんね。でも、この仕掛けだけではそれだけのネタで終わってしまいます。

このネタに命が吹き込まれたのは、西村さんが「覚えてないですか。教習車六台玉突きエアバッグ事件の、あのまぶっちゃんですよ」と一緒に通っていた友だちの名前を出したときでした。直後、小峠さんが「忘れるわけねえだろ！　エアバッグが一気に六個も出たんだよ！」と叫ぶんです。

「覚えてないね」というスタートから、「忘れるわけねえだろ！」という大展開。この両極端な言葉を提示することで、コントの世界をぐっと押し広げたような感覚がありました。

僕はあのシーンで一気に物語の世界に引き込まれました。この場面がなかったら、おもしろい大喜利の答えを順番に吊《つ》るしていっただけみたいな印象になっていたんじゃないかな。キングオブコントの勝負ネタにはなっていないと思います。

小峠さんは、なかなかいないタイプのツッコミです。ツッコミがどれもホームラン狙いなんですよ。ためて、ためて、ブルンと振ってくる。スベったら終わりという間の取り方をしてくるんです。

このネタにおける小峠さんの最大の大振りは、西村さんが免許を取ったら石焼き芋屋さんをやりたかったと言い、気持ちよさそうに「『石やぁ〜きぃも〜、おいも！』ってね」と口ずさんだあとでした。

小峠さんはこれまで以上に間をたっぷり取って、こう絶叫します。

「なんて言えばいい！」

ここでの小峠さんは、いくらなんでも引っ張り過ぎだろうというくらい間を空けていました。笑いの教科書にはない間です。生半可な覚悟では、あれだけためられるものではありません。あれができたのは、まだ無名だった小峠さんの中にこのネタでお笑い界をひっくり返してやるんだというくらいの気概があったからだと思います。そんな迫力を感じた瞬間でした。

しかも、決めゼリフが「なんて言えばいい！」ですから。ツッコむことを諦めている。

ツッコミを放棄することで笑いを取ったところも画期的でした。

あんな無茶な間で狙い通りに爆笑をさらえたのは当時、バイきんぐさんがノリに乗っていたという証明でもあると思います。

コンビには円熟期みたいなものがあって、ちょうど熟してきたときってこちらがびっくりするくらいウケるんです。僕らが翌年に優勝したときもそんな感じでした。さほど強いパンチじゃなくても相手が吹っ飛んでいく。なのでフィニッシュブローを放ったときなんて、「えーっ！　こんなにウケるの？」ってくらいの感覚になりました。

バイきんぐさんや僕らのようにコンビのバイオリズムと賞レースのタイミングがうまく重なると、好結果につながりやすいですよね。

バイきんぐさんの一本目が終わったとき、観覧席の芸人たちは笑い疲れてヘトヘトになっていました。まるでフェスが終わった後のような心地いい疲労感がありました。

このネタは、この時点で史上最高となる九六七点をマークしていました。実際、現場にいて「ああ、終わったな」って思いましたよ。今大会はバイきんぐさんで決まりだ、と。もう、どんなことが起きても。

Q37 「なんて日だ！」は名セリフでした

一本目がピークかとも思いましたが、二本目のウケ方はさらにすごかったですよね。父親役の小峠さんの家に久々に娘が帰ってくるところから話はスタートしました。

ちなみに娘役の西村さんは女装はしていませんでした。娘は男に性転換していたという設定なんです。なので、父親も娘がそのことをカミングアウトしたところでようやく目の前にいるのが自分の娘だと認識します。

衝撃の告白はそれだけでは終わりませんでした。よくよく話を聞くと、四千万の借金を抱えていて、パナマ人のニューハーフと結婚していて、子どもまでつくっていた。

それらの事実が次々と明かされたあと、最後に今度はお父さん側のカミングアウトがありました。その日の朝、じつは奥さんが酒屋のオヤジとかけおちして家を出て行ってしまったというではありませんか。

このあたりの時間経過の提示の仕方もうまいですよね。小さなところですが、話に立体感が出てくるんですよ。その日、お父さん側の世界でもちゃんと時間が流れていたんだなということが体感として伝わってくる。

小峠さんは奥さんに逃げられたことを打ち明けたあと再び間をたっぷりとって、こう叫びます。

「なんて日だ！」

あのときは会場が割れるかと思いましたね。大袈裟な話ではなく。あそこまでウケられたらお手上げです。なんて日だ？　あなたの日ですよ！　歴史的な瞬間を目の当たりにした気分でした。

一本目の決め台詞《ぜりふ》「なんて言えばいい！」のところは、ウケてやるぞという気持ちかや出過ぎていた感じもありました。でも「なんて日だ！」は、あのお父さんの心からの叫びに聞こえました。そのリアリティーが「なんて言えばいい！」以上の爆発を引き起こしたのだと思います。

ただ、小峠さんの全体的傾向として、お芝居にはあんまり興味がないように見えるんですよね。役に入り込んでいる感じもしませんし。笑いに関係ないところの演技とかは、けっこうアバウトなんです。

たとえば小峠さんが娘から子どもの写真を渡されたとき、ちゃんと見ないうちに「ふわいいけど……」ってしゃべり始めていたんです。芝居を意識するなら、ここはもうちょっとしっかり見てから言葉を発すると思うんです。孫の写真という重要なアイテムが出てくる瞬間ですからね。

話の展開上、写真のくだりは必要だけど、それを見たときのリアクションに時間を割きたくはなかったのかな。

小峠さんは昔、パンクバンドのボーカルをやっていたそうなんです。バイきんぐさんの笑いはお芝居ではなく、パンクなのだと考えるといろいろなことが腑《ふ》に落ちますよね。パンクが正しい音程で、正しい言葉で歌うことが必ずしも正解ではないように、小峠さんにとってのコントも正しい演技が必ずしも最優先事項とはならない。それよりもリズムとパッションを伝えることの方がはるかに重要なのだと思います。

バイきんぐさんは二本目で一本目に自ら出した記録を塗り替える九七四点をマークします。

計一九四一点。

「芸人百人審査」時代に打ち立てられたこの合計点は、今もキングオブコント史に燦然《さんぜん》と輝く金字塔です。

Q38 空気階段の優勝ネタは、う大さんの中では彼らのベストではない?

年代が少し飛びますが、新しい時代の音を聞いたなと感じたのは二〇二〇年の空気階段の『霊媒師』というネタを観たときでした。僕は翌二一年に空気階段がキングオブコント王者になったときのネタよりも、こちらの方が好みなんですよ。

僕にとってのいちばんの快感は、未知の体験をさせてくれるネタと出会うことなんです。こんな発想があったのか、と。あと自分の中ではまだ漠然としているけど、もう少しで手が届きそうなイメージを見事に具現化しているネタを観たときも心がキュンとなります。やられちゃったな、と。

『霊媒師』はまさにそんなネタでした。この手のスピリチュアル系の人が登場するネタってけっこうあるんですよ。なので、すでに手垢《てあか》まみれになっていた。そんな中、空気階段は新たな「金脈」を発見したんです。あの見せ方には痺れましたね。

(鈴木《すずき》)もぐら君が扮する霊媒師が依頼者の祖母の霊を降ろそうとすると、霊の波長と似ているという理由で新しくできたばかりのコミュニティーFMの音をつい拾ってしまうんです。そのアイディアが独創的でした。霊媒師の胡散臭《うさん》い感じもよく出ていて、すごく説得力がありましたよね。もぐら君のぽっちゃり体形と口ひげがばっちりマッチしていて、くぐもったしゃべり方もベストなチョイスだったと思います。

霊媒師が降霊中にラジオのパーソナリティーの言葉を口寄せしてしまうという発想は常日頃から人と違うことをやろうという姿勢でいないと、なかなか出てこないアイディアだと思います。

このおとぼけを思いついたことで、コントの中で遊べる部分が一気に増えるんです。降霊しようとしたら失敗してしまうというボケを何度も繰り返せる。しかも、その失敗がご都合主義にならない。つまり、とことんボケ倒してもコントが破綻《はたん》しないわけです。彼らにとっては、まさに金脈だったんじゃないかな。

ただ、ネタの後半は、やや怒濤《どとう》の展開になり過ぎてしまったような印象を受けました。コントの正しい盛り上がりを目指したというよりも、見た目の派手さを求めてしまったとでも言えばいいのかな。

コントの中盤以降、事前に録音しておいたＦＭラジオのパーソナリティーの声を効果音として何度か使っていました。あれくらいなら許容範囲だと思うのですが、二つほど気になった点があるんですよね。

一つはコント中、たとえ声だけでも演者以外の人が登場するとそれまでに作り上げた空気感が損なわれてしまうことがあるんです。もう一つは、テクノロジーの力を借り過ぎると生身の人間が演じていることの魅力が薄れてしまうことがある。

いずれの演出もそれによって世界が広がればいいのですが、逆のケースもあるということは頭に置いておいた方がいいと思います。

この部分は完全に好みの問題なのですが、僕自身は、コントは芸人の身一つで笑いを取って欲しいなと思うんですよね。セットもイスと机だけとか必要最低限でいいと思うんです。

というのも小道具や音楽を多用すると、賞レースの場合、減点の対象が増えることにもなりかねません。小道具のチョイス、音楽のセンス、効果音を入れるタイミングなどです。あとは単純に現場で音響を入れるタイミングを間違えてしまうなどのリスクも負わなければなりません。

なので、やや演出に物足りなさを覚えても、そこはお客さんの想像力に委《ゆだ》ねてしまった方がいいと思うんです。そうすれば、お客さんは頭の中でそれぞれにベストな想像をして補ってくれますから。そこはもうお客さんを信じるしかない。

僕は日頃、ピストバイクという自転車を愛用しているんです。仕事でも自転車で一時間ぐらいの距離なら平気で自転車で移動します。ピストバイクはギア板が前後ともに一枚しかないのでギアを変えることができません。つまり、一段速のスポーツ自転車なんです。

自転車の構造がシンプルなので、まず、見た目がとてもカッコいいんです。コントもそうなんですけど、そもそも僕はシンプルですっきりとしたデザインのものの方が好きなんでしょうね。

空気階段が優勝する前、ネタ作りを担当している（水川）かたまり君と少し話したことがあるんです。彼らは吉本興業に所属している芸人なので、常日頃から吉本のお笑いバトルの舞台に立っています。したがって、笑いの量で負けるわけにはいかない。そのせいで「無意識のうちに派手な展開を選んでしまっているのかも」と話していました。

その話はすごく合点がいきました。ネタを叩き上げる環境次第でネタはまったく違った成長を見せるものです。極端ですが、サラリーマン百人の会場と女子高生百人の会場ではウケるポイントはまったく違いますからね。同じ遺伝子を受け継いだ子ども同士でも、それぞれに異なった文化の中で育てられたらぜんぜん違った思考の大人になるのと同じこととです。

お笑いの賞レースは限られた時間内で少しでも多くの笑いを起こさなければなりません。だから、いろいろな要素を詰め込みたくなる気持ちもわかるんです。ただ、だからといってサービス過剰になると観客は展開についていけなくなってしまいます。

弾丸ツアーは短時間で多くの観光地巡りができるというメリットがありますが、回ったスポット数が必ずしも満足度と比例するわけではないですよね。お笑いもそれに似ていると思うんです。

Q39 コント『墓参り』のセクシー大根は、本当にリアルでしたね

ミニマム好きな僕ですが、キングオブコントの会2022で自分たちのコントをやるとき、どうしてもトライしてみたいことがありました。それは、お金をかけたコントです。お金をかけたコントは、テレビで、しかもキングオブコントの会のような豪華な番組じゃないとなかなか実現できないんですよ。

キングオブコントの会は同じコントを扱う番組でもキングオブコントとはまったく種類

が違います。キングオブコントは、あくまでネタ番組です。シンプルな舞台があって、目の前にはお客さんがいる。原則、やり直しはできません。一方、キングオブコントの会はコント番組です。とことんセットを作り込み、無観客で行います。必要ならば撮影を中断して同じ場面を数テイク重ねることもできる。それを後で編集すればいいわけです。

つまり、キングオブコントはステージコントで、キングオブコントの会は映像コントなのです。したがって、どのようなコントが映えるかも違ってきます。

僕がお笑いに目覚めたきっかけは「ダウンタウンのごっつええ感じ」です。そこで松本さんのコントに触れ、一瞬にして虜《とりこ》になりました。ごっつのコントは正確に表現するならばテレビコントであり、映像コントです。

そして、ごっつのコントのさらに向こう側を目指したとでも言うべき伝説のコント作品集「HITOSI　MATUMOTO　VISUALBUM」(以下、VISUALBUM)も映像コントですよね。

あの作品集の衝撃は今でも忘れません。確か、僕が大学一、二年生の頃に発売されたんですよね。中には「これ、味ついてるの?」みたいな作品もあって、一気には飲み込めないものもありました。けれども、それらも含めて何かにぶん殴られたような感覚になりました。理由とか、理論とか、理屈とか、どうでもええねん、と。おもろかったらええねんというお笑いの原始的な衝動を感じました。

芸術の役割の一つは、名前のついていない感情を表現することだと思っているんです。絵だったり、彫刻だったり、音楽だったり、お芝居だったり。言葉だけでは追いつかないものを、言葉だけでは足りないものを、そうして言葉以外の目に見えるものに置き換える。そういう意味ではVISUALBUMを観たとき、笑いもアートなんだなと思えました。

お笑いというと、昔はピエロ役というか、あえて一般の人よりも低いところへ下りて行って無様な姿をさらして笑ってもらうみたいなイメージがありました。けれども松本さんの作品はそういうものとは明らかに一線を画していました。

このVISUALBUMが革命的だったところは、もう一つあります。それは総制作費一億とまで噂されたセットの豪華さです。

だから僕もいつか機会があったなら、こういうお金をかけることでしか表現できないお笑いをやってみたいなと思っていたんです。キングオブコントの会は、その長年の夢を実現するには打ってつけの場だったのです。

僕が手がけた『墓参り』というコントは、ヤクザの兄貴分だった人物の墓に、生前、彼を慕っていた元子分たちがやって来るところから始まります。子分たちの耳に不意に兄貴の声が響きます。子分は兄貴の霊がしゃべっているのだと感動するのですが、じつは兄貴は墓の隣に生えている大根に生まれ変わっていたのです。

プライドが高い兄貴は自分が大根に生まれ変わったことを恥じていて、「自分みたいな存在は抜いちまってくれ」と子分に懇願します。子分たちは断腸の思いで大根を引っこ抜きます。

そして、驚きます。それはただの大根ではなくセクシー大根だったのです。さらに深く傷ついた兄貴は「ごめぇ〜ん！　セクシー大根だった！」と泣き叫ぶというコントです。セクシー大根って、わかりますよね？　いちおう説明しておくと、股割《またわ》れした部分が人間の手足みたいに見える大根のことです。

あのちょっと不気味で、なまめかしく、哀愁が漂っている感じ。大根からしたらセクシーなつもりなどまったくないのに人間から勝手にセクシー大根と呼ばれてしまっている、あの存在。僕のツボなんですよ。

その肝心なセクシー大根の着ぐるみを美術担当者につくってもらったのですが、そのやりとりがなかなか大変だったんです。最初にプロトタイプとしてつくってもらった大根は、でっぷりしていてカブみたいな感じだったんです。このシルエットでは哀愁が漂ってこないなと思ってセクシー大根の画像を見てもらいながら、もっと肉感のある、リアルなセクシー大根にして欲しいのだと説明させてもらいました。

最終的には想像通りのものに仕上がりました。セクシー大根の着ぐるみだけで百万円弱ぐらいかかったそうです。普段のライブだったら絶対にそんなお金はかけられません。

大根の僕は最初は土から頭を出しているだけなんです。なので僕を埋めるぶんセットを底上げしなければなりませんでした。それもなかなか大がかりな作業で、何から何まで贅《ぜい》沢《たく》なセットだったんです。

ただ、セットを見たときは感激した反面、後悔もしていました。こんなにお金かけてスベったらどうしようというプレッシャーが半端なかったんで。

撮影前日の衣装合わせのとき、放送作家のオークラさんに会いました。オークラさんは東京コント界のレジェンド作家と言ってもいい存在で、東京03さんの担当作家として来ていたんです。そのオークラさんに「う大君の台本読んだけど、ちゃんとテレビコントになってるね」と言ってもらえました。やはり第一線で活躍している人はそこを見ているんだなと思いました。極度に緊張していたのですが、オークラさんにそう声をかけてもらったお陰で、かなりいい精神状態で撮影に臨むことができました。

放送後、『墓参り』を観た人にごっつええ感じやＶＩＳＵＡＬＢＵＭへのオマージュを感じたと言ってもらえました。松本さんの前でテレビコントを披露する以上、そこは強く意識していたので伝わってよかったなと思いましたね。後日、別件で松本さんと会ったときもテレビコントになっていたと評価していただき安堵しました。

じつは『墓参り』ではもう一つ、大がかりな「小道具」を用意してもらいました。本物の猫です。墓場でヤクザと大根が会話している様子を眺めている猫、というカットを入れたかったんです。猫視点の大根は僕ではなく本物の大根が映っています。つまり、大根になってしまった兄貴の哀れな姿は子分たちの目にしか見えていないんです。それを理解してもらうための演出でした。

本物の猫なんて普段の舞台やネタ番組では絶対に使えませんからね。テレビコントならではの試みでした。

僕の中では、こういう演出も松本イズムのうちの一つだと思っていたんです。でも、ネタを見終えた松本さんからスタジオで「あの猫はなんやったん？」と聞かれてしまいました。ズッコケそうになりましたけど、それもまたいい思い出です。

Q40 ジャングルポケットの『エレベーター』はセットが大がかりなコントでしたよね

僕が愛用しているピストバイクにはもう一つ、大きなメリットがあります。ギア付き自転車だとチェーンが外れたりすることがあるじゃないですか。その点、ピストバイクは構造がシンプルなのでそうしたアクシデントにも強い。つくりのシンプルなコントにも同じことが言えるんです。

僕が小道具とかをほとんど使わないのはミスをしたら嫌だなというのもあるんです。じつは苦い思い出があります。二〇一一年のキングオブコント三回戦で、相方の槙尾が開始早々、後半に懐から出すはずだった拳銃《けんじゅう》を落としてしまったことがあるんです。カランカランと乾いた音が会場に響き渡ってしまいました。

賞レースってそういうときに会場のお客さんがいつも以上にハッとしてしまうんです。失敗が許されない場だということを理解しているので。「大丈夫かな?」「かわいそう……」みたいな。

普段のライブだったらミスも笑いに変えることができます。でも、賞レースは観ている方も緊張しているので、そういう雰囲気にならないんです。そこが賞レースの怖いところなんです。

気まずい空気が流れたことで槙尾も僕もそこで完全にペースを乱してしまいました。ボロボロでしたね。僕は「風上に立つな」というセリフを「川上に立つな」と言い間違えてしまって。お客さんも「え？　ここ川だったの？」って。

その年は当然のことながらそこで敗退しました。それ以降、小道具は極力使わないようになったんです。

もう一つ言うと、裏で照明とか音響を操作する人たちはものすごいプレッシャーがかかるそうなんです。それはそうですよね。キングオブコントは生放送ですから。僕も絶対、裏方を担当したくないですね。人生がかかっている決勝の舞台で、音楽をかけるタイミングとかを間違えてその組が負けたりしたら一生かけても償い切れないじゃないですか。裏方さんたちは本人たち以上に緊張してるんじゃないかな。

あのときの舞台裏のスタッフも相当大変だったんじゃないかな。二〇一七年のキングオブコント決勝の、ジャンポケの一本目、『エレベーター』というネタのときです。斉藤君は早くエレベーターで上階まで行きたいのに太田君とおたけ君がなんやかんや妨害してきて、なかなか上に行けないんですよね。その間、エレベーターの扉が開いたり閉まったりする。これぞジャンポケといっていい賑やかなコントでしたよね。

あれはエレベーターの扉の両サイドに人がいて、タイミングをはかりながら開けたり閉めたりしていたんでしょうね。あのコントを眺めながら、これは裏方さんのセンスや呼吸が重要なネタだなと思っていたんです。

ドアの動きを見ながら、いろいろ考えちゃいましたね。この流れのときは完全に閉まり切らない方がおもしろいのになとか、もっとリアルなドアの速度で動かせないものなのかな、とか。

いずれにせよ、かなりの比重で、コントのおもしろさが扉の開閉のタイミングにかかっているネタでもありました。

それだけに評価としては複雑になってくるんですよね。コントがおもしろくなればなるほど、ドアを動かしている裏方さんを褒めたくなってくるわけですよ。もちろん、それも含めてジャンポケのネタなのでしょうけど。

ただ、ジャンポケと同じくらいおもしろいネタがあった場合は、そこで差し引きしたくなるでしょうね。つまり、もう一方が最小限の小道具でやっていたとしたら、そちらの組に高い点数を入れたくなってしまうと思うんです。

Q41 かもめんたるは、音響もほとんど使わないですよね

僕らは音楽的センスに自信がないので音響もほとんど使いません。

でも、コントによっては音響ありきのネタもありますよね。よくこんなにぴったりな曲を見つけてきたなみたいな。

二〇一一年のキングオブコント決勝でモンスターエンジンさんが披露した『ミスターメタリック』の選曲は見事でしたよね。

ミスターメタリックというのは架空の戦隊ヒーローもののの、おそらくはサブキャラなんでしょうね。そのミスターメタリックの登場シーンを集めた動画がＹｏｕＴｕｂｅに上がっていて、それを誰かが眺めている、という設定のネタでした。その発想からして斬新《ざんしん》ですよね。まだＹｏｕＴｕｂｅの存在自体がそこまで世間に浸透していない時代でもありましたから。

ミスターメタリックはヒーローがピンチになると現れるのですが、そのたびに哀愁漂う

チープな音楽が流れるんです。「体は機械、心は人間」というナレーションとともに。あの登場曲、最高でしたよね。

いろいろな登場パターンを見ているうちにミスターメタリックのキャラクターが浸透してきて、笑いがどんどん増幅していくという理想的な構成でもありました。後半は音楽が流れてきただけで笑ってしまいましたから。

『ミスターメタリック』はノスタルジックなあるあるを、じつにバカバカしく、かつ誰もやっていない手法で作品化していました。「おもしれえ」と感動したのを覚えています。

自分には絶対思いつかないタイプのコントでしたね。

それにしても非の打ち所のない選曲でした。あれはオリジナル曲なのかな？

選曲ということでいったら、二〇一三年のキングオブコント決勝の天竺鼠《てんじくねずみ》さんの一本目『寿司《すし》』というネタの音楽も印象的でした。

大きな握り寿司を頭に載っけた川原《かわはら》（克己《かつみ》）さんが小学生の前に出てきては、クラブミュージックみたいなノリノリの音楽に合わせて怪しげな動きのダンスを踊りまくるというネタでした。小学生は握り寿司のネタがイクラと玉子のときは大はしゃぎするんですけど、しめ鯖《さば》になるとテンションがガタ落ちしてしまうんです。

こんな説明でどんなコントか想像できます？　できませんよね。口では絶対おもしろさを説明できないタイプのネタです。なので是非、自分で探して観てみてください。あのネタもだんだんと音楽が流れてきただけで笑ってしまうんですよ。

口で説明できないネタと言って思い出しました。二〇一一年のキングオブコントで二位になった2700が二本目に披露した『キリンスマッシュ』というネタもすごかったですよね。あれも音楽の使い方が巧みなんです。あれこそ説明不能ですね。いや、説明不要と言えばいいのかな。百聞は一見にしかずなので、あれもどこかで動画を探してチェックしてみてください。

こうして過去のキングオブコントのネタを思い返していると普通のネタ番組では観られないような革命的なネタがゴロゴロしていますよね。

シーン4

「リアル」

Q42

う大さんの母親は、息子のネタにすぐダメ出しをしてくるそうですね

うちの母は単独ライブやテレビで僕のコントを観ては、よくダメ出しをしてきます。相方の槙尾と一緒に呼び出されたこともあるくらいです。

言われることはだいたい同じなんです。「なんでせっかくのテレビであんなネタをやったの。もっと一般ウケするネタをやりなさいよ」と。

僕が「ウケてたから」と言うと、「ウケてないよ！　笑ってたヤツ連れてきなさいよ！」と返される。「先輩はおもしろいって言ってくれてたから」みたいな反論の仕方をしたときはもっとすごかったな。「先輩だってライバル増やしたくないから、つぶれて欲しいと思ってそう言ってんのよ。誰が本当のこと言う？　そんなの当たり前でしょ！」って。

何を言っても最後はこうトドメを刺されるんです。

「あんたの言うことが正しければ、とっくに売れてるよ」

そう言われると、ぐうの音も出ない。

母と僕の言い合いは、いつも平行線なんです。「もっと一般ウケするネタをしなさい」という母と、「そんなことしたら埋もれちゃうんだよ」という僕。

まあ、僕も少しずつお客さんの方へ歩み寄って行っているというか、わかりやすくする努力はしているんですよ。それでも大スベりすることもある。もちろん最後の最後、ここは譲れないというラインもありますからね。妥協点をどこに見つけるかということになるのかな。

また空気階段の話になりますけど、二〇二一年の空気階段はそのあたりをうまくチューニングしてきていましたよね。

あの年、空気階段は三年連続でキングオブコント決勝の舞台に勝ち上がってきていました。初出場の二〇一九年は九位、翌二〇年は三位と着実に階段を上がってきて、三度目の正直ではないですけど、ここで獲《と》らなければタイミングを逸するという危機感があったのだと思います。

この時点でキングオブコント決勝の舞台に三回以上立って優勝した組は一組しかいなかったんです。前年、四度目の決勝進出で優勝したジャルジャルさんです。それ以外の王者はみんな初出場か二度目の出場で優勝しています。M-1でもよく言われることですが、キングオブコントはM－1以上に鮮度が高い組の方が結果を出しているんです。

空気階段の二人もそのことを知っていたんじゃないかな。だから相当研究したんだと思います。キングオブコントにおける戦い方を。そして出た結論が、あの『SMクラブ火災』のネタだったのだと思います。ハマりにハマっていましたからね。いろいろな意味で気持ちのいい、賞レース向きのネタでした。

まず格好がバカバカしいじゃないですか。SMクラブに客としてやってきていた二人は、ともにブリーフパンツ一丁で、手は後ろで縛られたまま。もぐら君は、なぜかストッキングを頭にかぶっている。そんな姿の二人が火災という、それこそ火急の事態に力を合わせ、人助けのために火の中に突っ込んでいく。そのギャップからして笑える。

人間って本当にくだらないものを目の前にすると無防備になるんですよ。おまえバカだな、って。言い方は悪いけど、見下している感覚にも近いのかな。このネタのとき、お客さんは最初っからほぼノーガードになっていたと思います。

そんなバカバカしさに加えて、このコントには彼らの人生が反映されているような凄《すご》みがありました。苦汁を飲んできた芸人二人が本気になってキングを獲りに行く。ネタのストーリーと彼らの人生が重なって、こちらに迫ってきましたよね。

Q43 『SMクラブ火災』は、もぐらさんがボケではなかったですよね？

コントは漫才のようにボケとツッコミはそこまで厳密に分かれていません。ネタの途中でボケとツッコミが入れ替わることはよくありますし、何だったら両方ともボケに回るケースもあります。

空気階段は通常はもぐら君がボケで、かたまり君がツッコミというパターンが多いのですが、このネタは二人ともボケと言えばボケでしたね。互いにツッコむところはツッコんでいましたけれども、見え方としては両方ともボケです。

ツッコミのないネタってお客さんがツッコミになっているんです。心の中で、そんなわけねえだろとか、本当にバカだなってツッコんでいる。この手のネタはお客さん頼みのところもあるので難しいと言えば難しい。

ツッコミとボケというシステムは、笑いを起こす装置として本当によくできています。なので本来は、それに則《のっと》って台本を書いた方が得策なんです。でも、『SMクラブ火災』は二人の熱演で、お客さんの心を完全につかんでいましたからね。ああなると、ボケっぱなしの方が笑いは大きくなる。ツッコミを省略できるので効率がいいんです。賞レースならではの現象でしたよね。あの日の空気階段の出番のときは、会場が完全に一つになっていました。

ヒーローものというのはエンターテインメントの王道だし、鉄板ネタでもあります。心が盛り上がるし、見終えた後のカタルシスもある。彼らはそこにオモシロ要素をてんこ盛りにした。

その豪勢なトッピングぶりが審査員の山内さん（かまいたち）の「映画一本観たぐらいの充実感」という感想を引き出したのだと思います。

『SMクラブ火災』はベタと言えばベタなんですよ。センスを突き付けてくるネタという意味では、僕が好きな『霊媒師』の方がレベルは上だと思います。でも彼らは勝つためにあえてとことんベタに走ったのだと思います。

ただ、僕は余計なお世話だと思いつつも言いたいんですよね。親交が深いからこそこんなにおこがましいことを言えるのですが、あのネタが彼らの真骨頂かと言うとそうではないと思っています。

何て言えばいいのかな。もっとジメッとしていて、もっと狂暴なネタの方が彼らに似合っている。彼らにしか表現できない世界だという気がするんです。

「映画一本観たぐらいの充実感」という褒め言葉は、あのコントへの評価としてはふさわしいかもしれません。でも、彼らへの評価としてはふさわしくない気がしていて。

というのも素晴らしいコントの五分は素晴らしい映画の二時間にも勝る感情を呼び起こすものであって欲しいし、空気階段ならそれができると思っているんですよ。彼らの真の実力はこんなものではないと思うんです。

ただし、彼らは『SMクラブ火災』でキングオブコントの頂点に立ちました。だから彼らの選択はひとまず大正解だったわけです。

うちの母だったら、彼らをめちゃめちゃ褒めるだろうな。「あんたもちょっとは空気階段を見習いなさい」と言われていないのが不思議なくらいです。

でも、どんなゴリゴリのロックバンドも十曲に一曲くらいはバラードを奏でますからね。『SMクラブ火災』は彼らの中のバラードだった、という解釈でもいいのかも。

ただ、バラードはバラードでも、いつもバラードばかり歌っている組には決してたどり着くことのできないパワーバラードだったと思います。

Q44 下ネタ全開のどぶろっくの歌ネタはコントと呼んでいいのですか?

二〇二一年、二〇二二年と、キングオブコントは非常に評判がよかったですよね。確かに、ものすごくレベルが高かったと思います。

ただ、このままの方向性でずっと行くことはないと思います。コントの世界も揺り戻しは絶対にあるんですよ。ファッションの世界でも少し前まではスキニータイプのぴちぴちのパンツが流行《はや》っていたのに、今やすっかりワイドパンツブームですもんね。

同じようにキングオブコントも、ある種、高尚になり過ぎると、カウンターとしてものすごくバカバカしいコントをやる人が出てきたりする。そこがおもしろいんですよね。

二〇一九年のキングオブコントで優勝したどぶろっくは、そういう意味では、あの時代、非常に大きなカウンターになった気がします。

リアリティーのある、完成度の高い芝居系のコントが続く中、どぶろっくは六番手で登場しました。ちなみに僕が好きなうるとらブギーズの『催眠術』は、この年のトップバッターだったんですよね。つまり、本格派が続いたところで、めちゃくちゃな変化球投手が来た。いや、むしろ逆だったのかな。磨きに磨いたキングオブコントならではの超一級のクセ球が続いたところで、下ネタというまさかのド直球が来た。

どぶろっくのネタはキングオブコントの舞台ではかなり風変わりに映りましたが、コントとしても非常に完成度の高い作品でした。下ネタを歌い上げるという芸風をピュアに突き詰め、普通なら歌ネタで終わってしまうところをミュージカル風にしコントとして成立させていた。あれは大発見ですよね。

二人のコントは、下ネタを超越していました。もはやアートですよ。なので、お客さんも安心して大きな声で笑えたのだと思います。

あと、ド直球の下ネタというのも心地よかったんでしょうね。おいしいんだけど食べ方も味もちょっと複雑な料理が続いたところで、超シンプルな彼らの料理が出てきた。だから、待ってました、という雰囲気になった。

それにしても、ものすごいウケ方でしたね。精巧な日本車の集団にアメリカンダンプカーが突っ込んできたような破壊力がありました。

あの流れで、あのネタをやられたらたまらないですよ。キングオブコントはコント師たちが命を懸けた大会というイメージが定着しています。審査員たちは、ものすごく疲れると思うんです。なので、肩ひじ張らない、ちょっとバカげたネタが出てきたときにずっぽりハマってしまうことがよくあるんです。

国内最高峰の格式ある大会で、あのネタをやる。その攻めの姿勢がオモシロに拍車をかけ、追い風を吹かせた部分も確実にあったと思いますね。

でも、どぶろっくがまったくの無名で彼らの芸風を誰も知らなかったら、どうなっていたのかな。そこはすごく興味がありますね。

ひょっとしたら同じようにウケたかもしれませんが、あれ以上ウケることはなかったと思います。ポップなつくりとはいえ、下ネタは下ネタなので戸惑う人もいたと思うんです。おじさん二人が「イチモツ」を連発するわけですからね。中には驚いて引く人もいたんじゃないかな。

オーソドックスなネタの場合は知られていない方がいいですが、型破りなネタの場合はまったく知られていないと反射的に拒絶される場合があります。

彼らはもはや下ネタでウケてるわけでもないんですけどね。あの年まであのスタイルを貫いてきたということが、もうコントそのものなんですよ。審査員はそこにほだされた部分もあったと思います。

あの日のあのネタはもちろんですが、二人のそんな生き様がもっとも王者たるにふさわしかったということなのかもしれません。

Q45 ロッチの『試着室』は、あの場でやるからおもしろさが倍増したのでしょうか？

極端な例ですが芸術の素養がない人間が、普通の家の、いたって普通の壁に前衛的な現代アートの絵が飾られているのを見てもそのよさはわからないと思うんです。ところが、同じ絵が立派な額縁に入れられて現代美術の聖地ともいえる六本木《ろっぽんぎ》の森美術館でスポットライトを浴びていたらどうですか。なんかいい絵のように見えてくると思うんですよ。

キングオブコントという晴れ舞台でも、それに似た現象が起こることがあります。一瞬、何がなんだかわからないネタでもキングオブコントという豪華な額縁の中に収まっていると、そのネタが強烈に輝き始める。

これもキングオブコントにおける伝説のネタの一つになっていますが、ロッチさんが二〇一五年決勝の一本目でかけた『試着室』というコントがありました。このネタをそういう効果を意識して作ったのかどうかはわからないのですが、それこそ僕にはとてもアーティスティックな作品に見えました。

洋服屋さんでズボンの試着をしようとしているお客さんと店員さんのコントでした。試着室で客役の中岡《なかおか》（創一《そういち》）さんがズボンを穿《は》こうとしていると、店員役のコカド（ケンタロウ）さんがもう穿き終わったかなと思ってカーテンを開けてしまいます。ところが実際はまだ着替え途中で、中岡さんはでっかいブリーフパンツを穿いたお尻をこっちに向けた状態で固まっている。

店員さんが慌てて閉めて、今度は「開けますよ」と念押しして「ほぁ〜い」という返事があったので再び開けるのですが、客はさっきと同じ姿のまま。そんな意味不明のやりとりが延々繰り返されるというネタです。

超シンプルで、超ベタですよね。でも、ベタをあそこまで徹底されるとシュールに見えてくる。もっと言えば、狂気を帯びてくる。「なんなんだ？　この世界は？」と。

中岡さん演じる男の目的がわからな過ぎて、あの試着室自体が捻《ね》じ曲がった空間のようにも見えてくる。もはやホラーです。コント『恐怖の試着室』ですよね。

このシチュエーションは本来、店員側が加害者ですよね。過失にせよ、お客さんが着替えている途中で試着室のカーテンを開けてしまったわけですから。ところがそれが続くと、その関係性が逆転してくる。ただし、お客さん側にもおよそ悪意が見えない。どちら側にも「悪」がないまま、ただただ淡い悲劇が続いていくんです。その感じがフレッシュで、めちゃくちゃおもしろいなと思いました。

中岡さんの口から何度も発せられる「ほぁ〜い」という緩い返事もキャラクターとコントそのものにマッチしていて絶妙でした。

何かのエラーで生まれたネタのようでもありましたよね。バカバカしいのに、どこかお洒落でもある。こんなネタを作ってみたいと思った芸人はたくさんいるんじゃないかな。

この年から審査方法が松本さんを始めとするプロ五人によるジャッジに変更になったんですよね。その結果、審査員のうち四人までもが自己最高得点を付け、ロッチさんは計四七八点で一気にトップに立ちました。

Q46 ロッチの二本目、ボクサーのネタはなぜあんなに低評価だったのですか?

ロッチさんがラジオで話していたのですが、『試着室』はもともとはそんなにウケるネタではなかったそうです。準決勝でもそこまでウケてはいなかったので、まさか通るとは思っていなかったとか。

決勝ではリラックスしていましたもんね。二人とも、まったく気負っていなかった。まあ、中岡さんの役なんて力の入れようがありませんからね。だから、観る側も肩の力が抜けて、あれだけ笑えたのだと思います。

この前年からファイナリスト進出者枠が十組に拡大されたのですが、八番手という順番もベストだったんでしょうね。ゴリゴリの勝負ネタが続く中、いいタイミングで脱力して観られる、それでいて見たことのないような斬新なコントが現れた。どハマりしそうな展開でもあったと思います。

二〇一五年はファーストステージを終えた時点では、五年ぶり三度目の決勝進出者だったロッチがいよいよ王者になるかという流れでした。しかし、二本目のネタはキングオブコントの決勝でかけるにはストレートにベタ過ぎたかもしれません。

ボクシングの世界チャンピオン役のコカドさんは防衛戦の朝、自分が圧倒的不利だと書かれたスポーツ新聞を読んでしまい、怖いからといってなかなかベッドから起き上がろうとしません。そんな臆病風《おくびょうかぜ》に吹かれてしまった息子をお母さん役の中岡さんがなだめすかしつつ、試合会場に向かうよう説得し続けるというネタでした。

この年はファーストステージの上位五組が二本目のネタを披露する権利を与えられていたのですが、ロッチさんの二本目は一転して五組中最低点に甘んじることになりました。九〇点台を付けた審査員が唯一、一人もいなかったのです。その原因はリアリティーがなかったということに尽きると思います。

すべてのコントにリアリティーが必要なわけではありません。でも、あれは試合当日のボクサーの恐怖感、つまり人間を描くコントだったと思うので細部までリアリティーにこだわるべきだったと思います。

前にも言いましたが、リアリティーを追求するためには登場人物は常に自分のメリットのために行動しなければなりません。コカドさん扮する世界チャンピオンは、そもそもこの日のために辛い練習や減量に耐えてきたわけですよね。いくら相手が手強《てごわ》いからといってベッドの中でグズグズしていても何の得もないんです。むしろ、デメリットしかない。観ている者がそれを感じ取ってしまったがために、冒頭のシーンでお客さんの心がすっと離れてしまった。

たとえばプロ二戦目の四回戦ボーイが怖気《おじけ》づいて試合に行きたくないと言い出すのなら

わかるんですよ。話としては地味だけど、それなら彼の気持ちを覗いてみたくなったんじゃないかな。

Q47 にゃんこスターが準優勝したときは正直、驚きました

キングオブコントのスタジオの空気はやはり特殊です。審査員席だけでなく、客席にもネタをジャッジしているような緊張感が漂っている。なので、新しく、かつ作品性の高いものほど好評価を受けやすい。

普段の普通のライブ会場ならロッチさんのボクサーネタも受け入れられていたと思います。あのチャンピオン、ほんとバカだなって。ウケた実績があるからロッチさんもあの場で選んだのでしょうし。『試着室』よりもボクサーのネタの方がウケる会場だってあるはずです。ただ、キングオブコントの場には馴染まなかったということなのだと思います。

キングオブコントの舞台は、あの場の雰囲気を味方につけることさえできれば、これほど心強いところはありません。その意味においては、二〇一七年に準優勝した男女コンビ、にゃんこスターもキングオブコントの追い風をモロに受けたコンビでしたよね。

スーパー3助《さんすけ》君は謎の「縄跳び大好きハイテンションション少年」の役を演じていました。彼は音楽に合わせて上手に縄跳びをする女の子、アンゴラ村長《そんちょう》さんがサビの部分にくると縄跳びを飛ばないという奇妙な行動を取ることに狂喜乱舞するんですよね。

ごくごく簡単に言えば、そういうネタでした。もっと細かく説明してくれと言われても、それ以上の説明ができそうにありません。ただただ、恐ろしく楽しげなネタです。

よくも悪くも、ほんと、それだけのネタだったんです。頭を使う場面が一度もなかった。ストーリーも何もない。人間を見せるわけでもない。なんだこれ、というだけで時間が過ぎていき、その状況に笑ってしまった。

あのネタも他の組とのギャップがすごかったですよね。本人たちがどこまで意識していたかはわからないのですが、大会の流れの中に笑いの方程式だと言われる「緊張と緩和」が自然と生まれていて、そこに見事にハマったのだと思います。

にゃんこスターの順番は七番目でした。いい順番じゃないですか。決勝にふさわしい精巧なネタが続いて、これぞキングオブコント決勝だと観る方もどんどん力が入ってくる。知らず知らずの内に身構えてしまっているところで、にゃんこスターにひらりと身をかわされる。一気に力が抜け、大爆笑してしまった。

どぶろっくは六番手、ロッチさんは八番手でした。「緩和組」は、このあたりの出順がいちばん効くんですよ。

お笑いに明確なルールがあるわけではないので、これはコントではないみたいな言い方はできません。ただ一つ、確実に言えることがあります。この手のネタをやるというのは本人たちからしてみれば絶対、怖かったはずなんです。

プロの芸人は、いろんなところで保険を効かせているものです。大スベりするわけにはいかないので。ところが、にゃんこスターのネタは保険がほぼゼロでした。

二人は当時、結成わずか五か月で、どこの事務所にも所属していませんでした。失うものののない人間の強さ。それがあったからこそできたネタでもあったのではないでしょうか。

「ウケるウケないはどうでもいいから、とにかくお客さんを乗せよう！　乗せたらこっちの勝ちだから！」

そんなやりとりを想像したくなりますよね。逆に、ロッチさんの『試着室』の場合は鉄板ネタで絶対に勝つんだというような欲が微塵も感じられず、それがネタの魅力を最大限に引き出していたように思えます。

二組のネタは、ものすごく原始的だったということでもあるのかもしれません。ネタって作り込めば作り込むほど脆《もろ》くなっていく面もあるんですよ。あざとくなっていくし、無難になっていく。プロの審査員たちは、その賢明さに退屈を覚えてしまうんです。

特ににゃんこスターの場合は、ネタをほぼ素材のまま出してきていましたよね。プロなら、そのことの怖さがわかる。なので、その勇気に対してあっぱれと称賛したくなったところもあったと思います。

Q48 ボケのためのボケとはどういう意味ですか？

先ほど「人間は自分の利益のために動く」という法則に則っていないコントは、リアリティーがないという話をしました。もう少し補足していいですか。

僕は、そのキャラクターの行動原理が見えないのが嫌なんですよ。どんな突飛な言動であっても、そのキャラクターがそれによってストレスを解消できるとか、心の安寧を得られるとか、何らかのメリットがあればいい。

ただ、その言動によって得るものが何もないと、何をしたくて言ってるの？　となる。

ボケがボケを言いたいだけのボケになっていると、途端にそのコントをどうやって観たらいいかわからなくなるんです。

奇人であってもいいけど奇人の欲求に忠実であって欲しいんです。たとえば、のどが渇いたら普通の人は水を飲もうとしますよね。でも、発想がぶっ飛んでいる人は「このへんにおにぎりを握るのが上手で、親切な方はいませんか」と言うかもしれない。

最初は不思議に思うんだけど、よくよく聞くと、のどが渇いた瞬間、おにぎりのラップについている水滴が頭を過《よぎ》ったのだ、と。それを舐《な》めたいと思っての発言だということがわかってくる。いやいや、水そのものを探した方が早いだろうっていう話なんですけど、そいつはそいつなりに頭を使っているわけですよ。自分の欲望に向かって真っすぐ突き進んでいる。

人間ってそういう要領の悪いところがあるからかわいらしいし、おもしろいんだと思うんです。

二〇一二年、かもめんたるが初めてキングオブコントの決勝に進出した際、一本目に『コンタクトレンズ』というネタを披露しました。かなりぶっ飛んだキャラが登場するネタでした。気持ち悪い人が登場するのはかもめんたるの定番なのですが、その中でもフルスイングしたネタだった。でも、そんな風に極端にズレた人間であってもその人なりの行動原理に従って生きているんです。

あのネタを選んだのにはちょっとした裏話がありまして。当時、まだ決勝に進出したことがない無名の組がファイナリストになるためには、二年続けてウケなければならないと言われていたんです。事実、ファイナリストの顔ぶれを見ると、毎年そんな布陣になっていたんです。

僕らは前年、三回戦で負けていました。なので、この年は決勝は無理だろうと諦めていました。ただ翌年に決勝に残るためには、この年の準決勝からが勝負だと考えていたんです。そこで、あえて『コンタクトレンズ』を選んだ。ちょっと危険視されかねないネタだったんですけど、ネタの爆発力と印象度を優先したのです。

そうしたら、そのフルスイングがホームランにつながったわけです。二年連続で実績を残さなければならないという通説を覆して、僕らはこの年、初めての決勝の舞台に進むことができたんです。

Q49

コンタクトを両目にはめるところは名シーンでした

『コンタクトレンズ』は、メガネ屋さんにコンタクトレンズを買いに来たお客さんの話です。僕が演じるその客は、鼻の骨が折れていてメガネをかけることができないのでコンタクトレンズを購入したいといきなり言うのです。その発言からして、すでに相当ヤバいわけです。

その男は、とにかく表現がエグいんですよ。鼻を骨折した理由が「目をつむったまま全力疾走することにこだわっていた時期」があって、そのときに電柱に激突したのだと言う。そしてケガが治りかけると、自分で「やだよー!」と叫びながら鼻をつかんで「はがし折ってしまう」。はがし折るという言い方もクレイジーですよね。そうしてメガネ屋さんに鼻を治すことはもう諦めたみたいなことを延々と話して聞かせるわけです。

基本的に僕のネタは二人の間に争いを生じさせるというのが常套《じょうとう》手段なんです。『言葉売り』が典型的なのですが、奇人同士の正義を衝突させる。互いの正義が特殊であればあるほどお互いに相容れることができず、摩擦が生まれます。すると摩擦により熱が発生する。そのときの熱量の多寡がそのままコントの盛り上がりにつながっていくのです。

ただし『コンタクトレンズ』においては、店員の槙尾の方は厄介な客に巻き込まれるだけの、ごく普通の人間にしました。客のクレイジーぶりが半端ないので槙尾まで奇人にすると収拾がつかなくなってしまうんですよ。槙尾は被害者に徹した方が話が見えやすいし、客の男のヤバさも際立ちます。

キングオブコント決勝のファーストステージも、このネタで挑みました。生放送でネタをやること自体が初めてだったので人生でいちばん緊張した瞬間でしたね。あのドキドキ感は生涯の緊張ランキングの中で今もダントツです。

本番直前までは、すごくいいメンタルでいられたんです。前日のリハーサルでも絶対にウケるというイメージができていたし、明日はついに夢の舞台に立てるのだとワクワクしていました。いよいよ全国デビューを果たすときがきたぞ、と。

ところが、です。僕らは四番手だったのですが、三番手の組の点数が僕の想像よりもはるかに低かったんです。そこで一気に怖気づいてしまいました。全国的な知名度が一気に上がるどころか、逆のケースもあるのだと気づかされたのです。

つまり、全国放送で公開処刑される。そう考えたら足元の床が砂のごとく崩れていくような……、そんな錯覚を覚えました。ポジティブ一辺倒の思考は、いざとなったらこんなに脆いのだと思い知らされましたね。

あのときは店員役の槙尾が先に板（舞台）についていて、客役の僕は後から舞台に登場することになっていました。「大丈夫かな？」と袖から槙尾の様子を見ていたのですが、やけに落ち着いているように映ったんですよね。それで、あいつができるなら俺でもできるだろうと少し自信が回復したんです。そうしたら一発目のボケで会場がワッと盛り上がって、それでほぼ緊張が取れました。

あのコントは前半は会話だけに終始します。そして後半、僕がサンプルのコンタクトをはめるところでクライマックスを迎えます。

店員さんの注意を聞かずに男は手を洗わぬままコンタクトのサンプルをまずは片方の目に装着します。すると「痛い、痛い、痛い！　助けて！」と騒ぎ出す。彼は店に来る途中、素手でハバネロを揉《も》みしだいてきたのだと店員に説明します。

どんな男なんだと思いますよね。でもそこまでの流れの中で、すでに「ワンデイのコンタクトを大学の四年間一度も外さなかった」とか、「座右の銘は『あとの祭り』です」などと自虐的な性癖の持ち主であることをこれでもかというほどフッていました。なのでハバネロを揉みしだいた手でコンタクトを装着するという理解不能な行為も、この男ならありうるかもと共感してもらえるんです。

挙句の果てに男は「痛みのバランスが悪い！」と叫んで、もう片方の目にもコンタクトをはめます。そして、あまりの痛さに悶絶《もんぜつ》し、気絶してしまう。満足げな笑みを浮かべながら……。

この男はクレイジーだけどクレイジーなりに自分の行動原理に従って、一生懸命、ひたむきに生きている。最後、その匂いを少しでも嗅ぎ取ってもらえればこのコントは成功したと言えるんです。

Q50 二〇一一年王者、ロバートについても触れて欲しいのですが

僕はロバートさんの大ファンなんですよね。トリオの大ボケ担当の秋山さんは、ぶっ飛んだ人間の中にある人間臭さを表現するのが抜群にうまい。

一見、はちゃめちゃなキャラクターを演じているようにも見えるんですけど、その人物の欲望にものすごく忠実なんです。金銭欲だったり、見栄《みえ》だったり、野心だったり。負の

感情に見られがちな側面ですが、そこまで描写するからこそ、ペラペラではない、存在感のあるリアルなキャラクターを表現できるんです。

二〇一一年のキングオブコント決勝のファーストステージでロバートさんが披露した『忍者ショー』というネタは、東京03さんの『旅行』と並んで僕の中のベストコントです。

この年、かもめんたるは小道具の拳銃を落とすという大失敗を犯し、三回戦で負けていました。なのでテレビで観ていても悔しさがこみ上げてきて、ネタがあんまり頭の中に入ってこなかったんです。そんなとき、三番手として登場したのがロバートさんでした。一気に引き込まれましたね。めちゃめちゃおもしろくて、それだけですごくハッピーな気分になれた。

僕は二〇〇〇年、大学三年生のときにNSCへ入学しているのですが、その入学式は四《よっ》谷《や》のホールみたいなところで行われたんです。その夜、そこでNSCの卒業生によるお笑いライブがあるから観たい人は観ていっていいよと言われまして。そのライブで初めてロバートさんを観たんです。

今ほどのパワフルな感じではなかったのですが、秋山さんの繰り出すボケワードがセンス抜群で、こんなにすごい人がいるんだとえらい興奮したものです。のちに賞レースで活躍する芸人さんも一緒に出演していましたが、ロバートさんは頭三つぐらい抜けていたと思います。

『忍者ショー』は戦国時代村という架空のテーマパークが舞台です。登場人物は芸歴五十五年、一八〇〇万回ものステージをこなしてきたという還暦役者二人と、それを取材に来た記者の三人です。

一八〇〇万回って無茶苦茶な数字じゃないですか。僕だったらもう少しリアルな数字を入れてしまうと思うな。こういう数字をいきなり出してくるところがロバートさんの余裕というか、圧倒的なお笑い筋肉を備えた芸人の逞しさなんですよ。

ちょっと予告ホームランにも似ているんですよね。要するに一八〇〇万回も舞台に立っているという設定に無理のないコントをこれから見せますよ、という宣言でもあるわけです。もしそれを裏切ってしまったら、単なるおふざけになってしまいます。

ロバートさんのネタはポップなように見えて、実際はものすごくディープで、マニアックなんですよ。ネタのアイディアや大枠は秋山さんが決めるそうなのですが、秋山さんの好みなんでしょうね。忍者ショーという設定も秋山さんのツボなんだと思うな。

ただ、あまりにもマニアックな空気で充満しないように一八〇〇万回みたいなバカバカしいワードを入れて通気性をよくしてもいる。そのあたりは計算しているというよりは、もともと持っている秋山さんのセンスなのだと思います。

Q51 ロバートも印象的なワードを頻発しますが、流行語にはならないですよね

『忍者ショー』は舞台の使い方も独特でした。ステージ中央に舞台袖をイメージさせる黒いカーテンのような布が下がっていて、左側が楽屋、右側がショーのための舞台という風に分けられていました。あの舞台の使い方も大胆でしたね。

楽屋とステージで起きる出来事を一つのコント内で表現するのってかなり高度なことだと思うんですよね。僕だったら二の足を踏んじゃいます。でも、それをいとも簡単に何の違和感もなく成立させていました。

戦国時代村の役者を演じる二人、秋山さんと馬場さんは楽屋ではバカ話をしているのですが、出番のタイミングになると条件反射のように会話を止めて舞台へ滑り出て行きます。そして流れ作業のように淡々と役をこなし、また楽屋に舞い戻ってきます。それを何度となく繰り返す。

記者役の山本《やまもと》（博《ひろし》）さんは舞台上の二人に対して「顔がこなれ過ぎ！」「慣れ過ぎて、（セリフが）棒読みだ！」などとツッコミを入れます。一八〇〇万回ものステージに立って慣れ過ぎると役者はこうなるのかと深く納得させられました。「こなれ過ぎ」みたいなワードは大人向けの笑いですよね。人間の愚かさやかわいらしさを鋭く突いている。パワフルでありながら、心のひだまで丁寧に表現してくるところがロバートさんの魅力です。

普通、こういうパターンのネタを考えるとしたらステージではテンションが高くて、楽屋に戻ってきたらテンションが低くなるキャラクターを描きそうなものです。ところが秋山さんは楽屋では雄弁で、舞台では擦《す》れまくっている役者を描いた。忍者ショーというローカルな芝居小屋で働く役者としては、考えうる中でもっともダメな人間だと思うんです。そういう人間が放つすえた臭いまでもが漂ってくるかのようでした。

秋山さんはどんな役をやってもその役が憑依《ひょうい》しているように見えるんです。しかも、ごく自然に。

馬場さんは馬場さんで、しっかりキャラクターに沿ったお芝居をしています。秋山さんのような派手さはないですがロバートワールドには欠かせない存在です。衣装がハマったときの見た目のおもしろさは、秋山さんを凌駕《りょうが》することもあります。ロバートさんはボケ役の二人がツッコミの山本さんを笑わせよう、笑わせようとしている感じが素敵なんですよ。そのしつこい粘りはお客さんの笑いにもつながっているし、山本さんのリアルなツッコミの引き金にもなっている。

秋山さんは『忍者ショー』の中で相棒である馬場さんに何度となく「接しやす〜ぃ」と声をかけていました。秋山さんはちょっとした言葉にそうやってわざと癖のある抑揚をつけて、フックにすることがあるんですよね。「なんかさ、なんかさ」とか。

これもお笑い筋肉のない人がやるとあざとくなるだけなんです。いかにも狙っているようで。こういう言葉を芝居の中にねじ込めるのは秋山さんが役になり切っているからなんです。だから、言葉が浮かない。

秋山さんの印象的な言い回しは流行語になってもおかしくないと思うんですけどね。たまたま使い勝手がいいワードがないのかな。それとも特殊なキャラに入った秋山さんが、その役の人物の言葉として言ってるからかな。観ている方もこの役にならなきゃこのワードは言えないというのが肌感覚でわかる。だから、言葉だけを切り取ることができないのかもしれませんね。

Q52 『作文』の中の「お疲れしちゃったな」も印象的なワードでした

ロバートさんはどう考えているのかわからないけど、芸人はどこかでこのセリフが流行語にならないかなと期待しているものなんですよ。一つのフレーズがバズれば極端な話、それだけで食っていけるかもしれないですから。

でも、最近はネタ中の言葉が流行語になるという風潮はいったん落ち着いてしまいましたね。なんでなんだろう。僕にもわからないんですけど。

ただ、つくづく思うのは流行語は狙ってつくれるものではないということです。流行語が生まれるきっかけって、たまたまというケースの方が多い気がします。偶然、発した言葉がなぜか人の心に引っかかる。そういうものなのではないでしょうか。

僕らがキングオブコントの決勝に初出場した二〇一二年、『コンタクトレンズ』に続いて二本目に『作文』というコントを披露しました。ちなみに僕らの一本目は八八三点で三位。二本目も九〇七点で三位。トータルでもやはり三位という結果に終わりました。当時の僕らからしたら大満足の結果でした。

『作文』は先生役の僕が小学生役の槙尾の作文の中にある嘘っぽい描写をサディスティックな調子で「ここ、お母さんが書いたんじゃないか？」と問い詰めるコントです。ジャンルで言うと、ブラックコントですよね。

小学生の作文って母親に「ここはおかしい」とか言われて直しているうちに、「ほぼお母さんが書いたもんじゃん」みたいなことになりそうじゃないですか。それを先生が見抜いて、いちいち指摘するという光景はコントになるなと思ったんです。

ただ、このネタはお笑いのプロが観たら、おもしろいけど明確な笑いどころがないよね、って言いたくなるネタだったんです。芝居の要素が強過ぎるんですよ。いくらおもしろくても笑いが起きなければコントになりません。だから、かもめんたる印になるおもしろフレーズみたいなものを入れたかったんです。

家族との会話だったと思うんですけど、「それ絶対、嘘じゃん」みたいなやりとりになったことがありました。それで相手が否定したときに僕が「はいはい、わかった。お疲れ」みたいなたしなめ方をしたことがあったんです。それを思い出して「嘘をついちゃったな」と言うところを「お疲れしちゃったな」に置き換えたんです。

これで一つ、オモシロが乗っかるじゃないですか。すごくコントらしくなるし、ブラックな印象も薄めることができる。実際に僕が「お疲れしちゃったな」と言うと決まって笑いが起きました。つまり、「お疲れしちゃったな」というフレーズを『作文』というコントの一つの保険にしたわけです。

このフレーズは、あわよくば流行語にならないかなとも思っていました。でも、ぜんぜんなりませんでしたね。

このコントは今だったらキングオブコントではやっていないでしょうね。今の時代にはブラック過ぎる。ブラックな方がウケた時代もあったんですけどね。今はブラックな部分はそう感じさせずに表現する方が得策だと思います。

Q53 う大さんは、とにかくリアルであるか否かにこだわりますよね

かもめんたるを結成した翌年に奇《く》しくもキングオブコントが始まりました。

当時、芸人界隈では「コントで競い合うって、どうやって比べるの？」と話題になっていました。コントは漫才以上に何でもありの感じが強いですからね。「結局、有名な組が勝つような大会になるんじゃないの？」という懐疑的な見方もありました。

ところが、そんなネガティブな予想に反し、キングオブコントはまったく無名だったかもめんたるが優勝できるというガチな大会になりました。

キングオブコントの決勝進出という目標は結成当時、非常にわかりやすく、僕らのモチベーションに直結していました。「自分たちにしかできないコントとは?」「おもしろいだけじゃなく、他人から評価されるネタとは?」などと自問自答しつつ、そのときの自分の中でベストだと思えるコントを作ってきました。

そうしてかもめんたるは最終的にフィクションの世界をとことんリアルに表現する芝居寄りのコントにたどり着きました。

おもしろい要素はもちろんなんだけど、そこに悲しみだとか、喜びだとか、驚きだとか、怒りだとか、照れだとか、他の感情も配合していく。そうすることで、さらにリアリティーが増していく。現実世界と同じ割合で人の喜怒哀楽を配合し、小さいけれども現実と寸分違《たが》わない本当の世界を作りたい。そんな風に考えてきました。

嘘の世界をリアルに見せるためには物語の世界に一歩足を踏み入れたら、そこに嘘があってはならないんです。映画や小説と一緒ですよね。ご都合主義というか、嘘っぽいシーンがあると一気に醒めてしまうじゃないですか。よく思うんですよ。自分から作り話だってバラしてしまうような表現はやめてよ、って。

コントや漫才でよくあるのは、ボケに都合のいいように書かれたネタです。ネタってボケの人が台本を書くことが多いので、そうなりがちなのです。

ネタ中に「今のところボケの都合で進んでない？」と引っかかりを覚えても、誰もそれをツッコんでくれないことがあります。それが僕にとってはすごくストレスだし、気持ち悪いんですよね。

たまにネタ見せなどで若手のネタを観る機会があるのですが、感想として「やりたいことはわかるけど……」と思うことがよくあります。作り手の都合で話が進んでしまってる状態です。そういうときは大抵、「ここはツッコミがもっと抵抗するべきじゃない？」というダメ出しをします。

ツッコミは疑問に思ったことはツッコんでいかないと。ツッコミはお客さんの代弁者なわけですから。ツッコまれたことにボケ返すことで、表現世界のピースが少しずつ埋められていくわけです。

台本は本来、ボケにとって苦しい展開に持っていくべきなんです。そこをツッコまれたら痛いけど、あえて突かせる。そこで屈せず、さらに華麗な返しをするボケをお客さんは見たいんです。それが芸であり、笑いなんです。

ヒーローものの映画におけるヒットの法則と同じです。主人公には容赦なく試練を与え続けなければならない。観衆はそこから這《は》い上がるヒーローを見たいわけですから。敵があからさまに手加減していたら、誰も見ないですよね。ああ、これは茶番だって。そっぽを向かれてしまいます。

コントの中の登場人物には、どんな生き方であれ懸命に生きていて欲しい。生きるとは選択の連続です。ダラダラしたクズなキャラクターだとしても、その生き方を自分で選択したのならそれはそれで懸命に生きているということになります。

ライバルを蹴落とすことに必死な人も、自慰行為をしている人も、それが自分の利益になるからそうしているんですよね。それも僕は全力で肯定します。それが人間ですから。人間は人間が見たいわけですから。

そういう様々な人の人生が織物のように絡みあっているのが現実世界なわけです。単色では決してないですよね。ものすごく複雑な色をしている。

不思議なもので舞台上に現実世界と同じ空間が出現すると、人って見入ってしまうんですよ。人間って小さくて精巧な世界に引き付けられる習性でもあるんですかね。

僕が追い求めるコントって盆栽みたいなものなのかなと思うことがあります。小さいけれど大きなものより何倍も手間暇をかけ、本物よりも本物みたいな植物の世界を表現する。僕は盆栽の世界のことなんてほとんど知らないんですけど、盆栽の名品を目の前に置かれたら、たぶん見入ってしまうと思うんですよね。よくできてるな、と。

コントも同じで、舞台上に本物の空間さえ出現させることができれば、お客さんは退屈せずに見続けてくれると思うんです。そして、笑っている瞬間だけは少なくとも「これは作り物の世界だ」なんて思っていない。それは確信を持って言えます。僕がこれまで何度も体験してきたことですから。百パーセント、こちらに身を預けてくれています。

笑いに満ちた空間。そこには本物以上に本物っぽい、紛《まご》うことなきリアルな空間が立ち現れているものなのです。

カーテンコール

今でもキングオブコント決勝の時期になると、二〇一三年に僕らが優勝した日のことを思い出します。優勝が決まった瞬間、僕はとても神秘的な体験をしました。

僕はそれまでコンテストなどで勝った経験がなかったので、大会の頂点に立ったとき、どういう気分になるものなのかまったく想像がつきませんでした。

味わったことのないような充実感だとか、強烈な達成感だとか、恍惚とするような優越感を覚えるものなのかなとどこかで思っていました。でも、実際はまったく違いました。湧き起こってきたのは先人や仲間などコントを愛するすべての人々への感謝の気持ちでした。

金色の紙吹雪が舞う中、大きなトロフィーを手渡され、こう思えたのです。

「今回はたまたま僕らの畑で穫《と》れたコントが優勝させてもらっただけなんだ」

今日、披露した二本のコントがトロフィーとなって僕の手の中にある——。そんな感覚になり、まるで農作物を掲げるような気持ちでトロフィーを天に掲げたのを覚えています。

ただし、そんな神に祝福されているかのような時間は長くは続きませんでした。

というのも、優勝直後の会見で僕は固まってしまったのです。本当に焦りました。おもしろいことを言うのを期待されているんだろうなと思えば思うほど言葉が出てこなくなってしまったのです。おもしろいことなど何一つ言えませんでした。芸人失格です。

僕はキングオブコントで優勝さえすれば、誰憚《はばか》ることもなく「僕は芸人です」と名乗れるのかなと思っていました。でも、そうはなりませんでした。

ネタ以外の場所、つまり素の状態でのトーク力が試される場のことをわれわれの世界では「平場」と呼ぶのですが、僕はそれまで平場の訓練なんて何一つしてきませんでした。

「しとけよ」って話ですが。

やっとキングオブコントの頂に立ったと思ったのも束の間、ここからはまったく別の競技が始まるのだと一瞬にして悟りました。コント師はよく「二度、売れなければならない」と言われるんです。コントで売れ、平場で売れ、ようやく本物だと。

コントは基本的に役に入っています。したがってキングオブコントは素の自分を評価されたわけではありません。なので、またゼロから今度は素の自分を周知させていくための戦いに乗り出さなければならないのです。

それに対して漫才師は極端なキャラクターに入っている場合を除き、漫才をやっている自分と素の自分にさほどギャップはありません。つまり漫才がそのまま素の自分たちの宣伝になる。Ｍ‐１王者がキングオブコント王者よりテレビスターになる確率が高いのはそこが大きいと思います。

僕にとって、この二度目の戦いは最初の戦いの何倍も厳しいものでした。今もまだ試行錯誤を繰り返しています。だからまだ胸を張って芸人とは言えないのです。

ただ、僕は「コント師」となら胸を張って名乗れます。なにせ二〇一三年、僕はもっとも優秀なコントの生産者に選ばれたわけですから。それだけではありません。キングオブコントの会では、あの松本さんのコントのメンバーに指名されたわけですし。これで胸を張れないなんて言ったら罰が当たっちゃうじゃないですか。

それにしても二〇二二年のキングオブコントも豊作でしたよね。

一時期、Ｍ‐１が大会を開催するたびに盛り上がり、知名度とステイタスが上がっていった時期がありました。二〇二一年、二〇二二年と、キングオブコントもそんな雰囲気になってきました。

二〇二二年の王者はビスケットブラザーズでした。それはつまり、この年はビスケットブラザーズの畑で作られたコントの出来が一番だったということだと思います。一本目の『野犬』のネタも、二本目の『ぴったり』と呼ばれるネタも彼らにしかできない、圧倒的なパワーとオリジナリティーがありました。

芸人という生き物はそれが性でもあるのでしょうが、セリフをおもしろくしようとし過ぎる傾向があります。ただ、繰り返しになりますが、その場にそぐわないオモシロワードやコントコントしたツッコミのフレーズは、それはそれでウケるかもしれませんが、引き換えに芝居の世界観を壊してしまうことがあります。そうではなく、やはりコントは構築した世界の空気を逃さないためにも自然に出たセリフが結果としてツッコミになっていたり、結果としてボケになっていたりするというのがベストだと思うんです。

二〇二二年のキングオブコント決勝で、とてもシンプルな言葉なのに、とてもおもしろい言葉がありました。

ファーストステージでネルソンズは映画「卒業」のように結婚式の日にかつての恋人が花嫁を奪いにくるという設定のコントを披露しました。

最後、足の速さでどちらが花嫁の相手としてふさわしいか決めようという流れになって、ビーチフラッグスのようなことをするんです。花婿役の和田《わだ》まんじゅう君が負ける展開かと思いきや僅差《きんさ》で彼が勝ちました。そして、こうつぶやくのです。

「よかったぁ……」

シンプルですが、この場面ではそれ以外に考えられない嘘偽りのない言葉でした。「よかったぁ……」なんて何の工夫もない喜びの言葉じゃないですか。でも、それが最高におもしろかった。何でもないセリフでもシチュエーションによっては最強ワードになる。

僕はそういう心の奥底から湧き出る、血の通ったセリフを聞くことができるコントをもっと観たいんですよね。ビスケットブラザーズの二本のコントからも、二人の生々しい肉声が何度も聞こえてきました。どの言葉も芝居の中の当事者にしか言えないセリフになっていましたよね。二人ともお芝居という小さな世界の中で、ただ一生懸命に生きているだけなのに、そのことがおもしろかったり、悲しかったりしました。

『野犬』の中に二人してブリーフパンツ一枚になり、小枝のようなものを振り回しながら「キラキラリン」「キラキラリン」と、まるで少女戦士のように野犬を退治していくシーンがありました。

あんな人たちが現実世界にいるわけありません。でも、僕には数日後、あの格好をした彼らがニュース番組で「野犬に襲われまして……」と語っている姿が想像できたんです。そうなったとしても普通に受け入れられそうだなと。

二〇二一年、僕は初めて劇団かもめんたるとしてキングオブコントに出場しましたが、準々決勝で敗退してしまいました。二〇二二年は他の仕事が忙しかったこともあり、久々にキングオブコントへの出場を見合わせました。決勝をテレビで観ながら正直、もう自分の出る幕じゃないかなとも思いました。でも、今後も無理のない範囲でエントリーできればいいなと考えています。

自分たちのコント畑をそれぞれが耕し、それぞれが理想のコントを育てる。それくらいしかできませんが、それでいいのだと思います。

コントに携わる人たちが各々で、できることを、できる範囲で、続けていく。

そうすれば日本のコントの未来は、きっと、明るい。

（※ステージ、暗転）

岩崎う大（いわさき　うだい）
1978年9月18日生まれ、東京都出身。早稲田大学政治経済学部卒業。2001年にコントグループ「WAGE」としてプロデビューし、07年に同グループメンバー槙尾ユウスケと「劇団イワサキマキヲ」を結成。「劇団イワサキマキオ」を経て10年に「かもめんたる」に改名し、13年にキングオブコント優勝。作・演出を手掛ける「劇団かもめんたる」では、岸田國士戯曲賞の最終候補に2年連続ノミネート。お笑いにとどまらず脚本、演出、俳優、漫画家など多岐にわたり活躍中。

ブックデザイン／出田 一（TwoThree）　撮影／タイコウクニヨシ
ヘアメイク／村中サチエ　制作協力／株式会社サンミュージックプロダクション

偽《いつわ》りなきコントの世界《せかい》

2023年8月9日　初版発行

著者／岩崎《いわさき》う大《だい》
執筆／中村《なかむら》 計《けい》
発行者／山下直久
発行／株式会社KADOKAWA
〒102-8177　東京都千代田区富士見2-13-3
電話 0570-002-301（ナビダイヤル）

印刷・製本／大日本印刷株式会社

●お問い合わせ
https://www.kadokawa.co.jp/（「お問い合わせ」へお進みください）
※内容によっては、お答えできない場合があります。
※サポートは日本国内のみとさせていただきます。
※Japanese text only

定価はカバーに表示してあります。

ISBN 978-4-04-113200-5　C0095